Overskud til livet

Sandy Lee Mondrup
Freemoney.dk

Sandy Lee Mondrup

OVERSKUD TIL LIVET

HÅNDBOG OM ØKONOMISK TERAPI

Omslag: Pabitra Kaity & Sandy Lee Mondrup
Illustrationer: Canva.com
Korrekturlæsning: Margit Aamand, Camilla Sjp & Ricky Kærsner

Forlag: BoD · Books on Demand, Strandvejen 100, 2900 Hellerup, bod@bod.dk
Tryk: Libri Plureos GmbH, Friedensallee 273, 22763 Hamborg, Tyskland
ISBN: 978-87-4306-024-6

Indholdsfortegnelse

Hvis du går igennem helvede,

så bliv ved med at gå.

- Winston Churchill

Forord

I en mørk eftermiddagstime, dagen efter vi havde stillet urene til vintertid, kørte jeg på min cykel i mørket over Jagtvej. Ligesom et rådyr så jeg lygterne fra en bil komme mod mig. Det var uundgåeligt! Jeg blev ramt af bilen og landede oppe på køleren. Heldigvis var det en gammel Audi med en stor kølerhjelm. Jeg rullede flere gange rundt på den store kølerhjelm og endte med at ligge på asfalten. Der stod pludselig mange mennesker omkring mig, og jeg hørte en kvinde spørge, hvordan jeg havde det. Hun fortalte, at de var i gang med at tilkalde en ambulance.

I timerne inden ulykken havde jeg siddet i møde med nogle konsulenter omkring økonomiberegninger i den virksomhed, hvor jeg var ansat. Det trak ud, vi skulle opdatere økonomimodellerne, men vi var ikke enige om beregningerne. Vi havde en deadline, som var aftalt med direktionen, og den skulle gerne overholdes. Min hjerne var derfor stresset, og jeg forsøgte at finde ud af, hvordan jeg bedst muligt kunne komme videre med økonomimodellerne, mens jeg cyklede hjem.

Ambulancen kørte mig til Rigshospitalets traumecenter, hvor jeg blev tilset af en læge, han snakkede vist norsk. Lægen kiggede ind i mine øjne med en lille lampe og spurgte, om jeg havde ondt nogen steder. Jeg viste ham en hudafskrabning på benet. Han sagde 'ok' og et eller andet på norsk, som jeg ikke helt kunne forstå. Sygeplejersken kom med en folder om hjernerystelse og sagde med alvor i stemmen, at jeg skulle give den til min partner, når jeg kom hjem.

Hvorfor fortæller jeg denne historie i en bog om økonomisk terapi? Jo, fordi dette var en opvågning for mig. Det blev starten til, at jeg gentænkte mit arbejdsliv og mine prioriteter i livet, hvilket også betød ændringer på den økonomiske front. Jeg fandt ud af, at mit liv i fremtiden skulle omfatte mere selvomsorg – både mentalt og fysisk. Det skulle resultere i et mindre stressende arbejdsliv og et liv i bedre balance mellem mit sind og min krop. Jeg håber, du i denne bog kan finde inspiration til, at dit liv kommer mere i balance, både økonomisk og mentalt, således at du får overskud til at opnå dine drømme.

God læselyst
Sandy Lee Mondrup, København, 2025

Kontroller din egen skæbne,

ellers vil andre gøre det.

-Jack Welch

1. Introduktion

Formålet med denne bog er at give praktiske værktøjer og indsigter til at håndtere din økonomi. Du vil få værktøjer til at forbedre din økonomiske situation og derigennem opnå en sundere balance mellem dit økonomiske og følelsesmæssige liv.

Gennem min erfaring som coach og sparringspartner har jeg set, hvor meget en persons økonomiske situation kan påvirke deres livskvalitet. Jo strammere økonomien er, jo mere fylder pengene i tankerne, og det kan resultere i økonomisk stress. Evnen til at forvalte sin privatøkonomi er ikke noget, der obligatorisk bliver undervist i. Samfundet forventer, at man lærer det af sine forældre.

Desværre besidder ikke alle forældre disse kompetencer, og mange mennesker har derfor ikke lært, hvordan de opbygger gode økonomiske vaner eller anvender de finansielle værktøjer til deres fordel. Hvis du lærer at bruge disse værktøjer til at skabe økonomisk balance, vil det medvirke til at opnå en bedre fremtid og et liv med mere livskvalitet.

Hvad er økonomisk terapi?

Økonomisk terapi er en tilgang, der kombinerer økonomiske værktøjer med terapeutiske metoder for at hjælpe enkeltpersoner og familier med at håndtere de psykologiske og følelsesmæssige aspekter af økonomisk stress. Det er en praksis, der anerkender, at økonomiske problemer ofte er tæt forbundet med følelsesmæssige, mentale og adfærdsmæssige udfordringer.

I økonomisk terapi anerkendes det, at penge ikke kun er et praktisk redskab, men også har en dyb mental og psykologisk betydning i vores liv. Erfaringer viser, at økonomisk terapi hjælper mennesker med at skabe balance, både økonomisk og mentalt.

Tre cases behandlet med økonomisk terapi

For at kunne forstå hvorledes man bruger økonomisk terapi, vil jeg herunder illustrere det med tre virkelighedsnære cases. Disse cases er eksempler på hvorledes økonomisk terapi kan være gavnligt. Metoderne som bruges til løsning af disse cases, vil du lære om i denne bog.

Case 1: Anna med studiegæld

Baggrund

Anna er 27 år og arbejder som nyuddannet arkitekt. Hun har netop afsluttet sin uddannelse og har gennem studietiden optaget en gæld på 300.000 kroner.

Symptomer på økonomisk stress

Søvnproblemer, hyppige hovedpiner samt en konstant følelse af angst og uro. Hun begynder også at have svært ved at koncentrere sig om sit arbejde.

Udfordringer med hendes økonomi

☹ Anna har svært ved at få budgettet til at hænge sammen på grund af de høje månedlige afdrag på sin gæld.

☹ Anna føler et konstant pres for at præstere på arbejdet, da hun er bange for at miste sit job og dermed ikke kunne betale sine lån.

☹ Anna har svært ved at spare op til fremtidige mål, som at købe en bolig eller tage på ferie.

Løsning med økonomisk terapi

☺ Anna får lagt et realistisk budget og starter en dialog med banken. Det betyder at hendes forbrugslån bliver til et banklån med lavere rente. Hun er endda startet på en opsparing *(læs kapitel 5)*.

☺ Anna benytter metoden med *gældslavinen* til at få afviklet sin gæld på en hurtig og overskuelig måde *(læs kapitel 3)*.

☺ Anna begynder at prioritere sin mentale sundhed og taler med sin arbejdsgiver om sine bekymringer. De bliver enige om at hun kan arbejde hjemmefra et par dage om ugen, og derved få tid til at dyrke yoga og meditation *(læs kapitel 6)*.

Case 2: Lars og Maria der får uforudsete udgifter

Baggrund

Lars og Maria er et par i 40'erne med to børn. Lars arbejder som ingeniør, og Maria er skolelærer. De har en stabil indkomst, men har for nylig oplevet uforudsete udgifter til reparationer og vedligeholdelse på deres hus.

Symptomer på økonomisk stress

De skændes tit om penge, især Maria får en følelse af håbløshed og tænker hun har depression. Lars påtager sig ekstra arbejde, men alligevel vokser gælden hver eneste måned.

Udfordringer med familiens økonomi

- ☹ Håndværkerudgifterne har spist hele deres opsparing, som ellers skulle være brugt på sommerferie.

- ☹ Lars og Maria er bekymrede for, hvordan de skal håndtere deres månedlige udgifter, samtidig med at de får høje regninger fra håndværkerne.

- ☹ De føler skyld og skam over, at de ikke kan give deres børn de samme ting som før.

Løsning med økonomisk terapi

- ☺ Lars og Maria får udarbejdet et budget, der hjælper dem til at få et overblik. De er blevet mere bevidste om deres forbrug og benytter sparetips, således at de kan reducere yderligere i deres budget *(læs kapitel 5)*.

- ☺ De får talt med realkreditinstituttet, omlagt deres lån og benyttet en del af friværdien. Således bliver der overskud til at betale de store håndværkerudgifter *(læs kapitel 8)*.

- ☺ De daglige besparelser betyder, at de har råd til at deltage i parterapi, således at de forbedrer deres kommunikation og kan støtte hinanden til at få en bedre balance i livet *(læs kapitel 6)*.

- ☺ Når deres parforhold er så godt, at de ikke længere har behov for parterapi, kan pengene gå til investeringer *(læs kapitel 9)*.

Case 3: Morten med økonomisk stress

Baggrund
Morten er 35 år og arbejder freelance som grafisk designer. Han elsker sit arbejde, men er utryg ved den uforudsigelige indkomst.

Symptomer på økonomisk stress
Kronisk træthed og søvnløshed. Han er også blevet mere irritabel og oplever humørsvingninger.

Udfordringer med hans økonomi

☹ Mortens indkomst varierer meget fra måned til måned, hvilket gør det svært at budgettere og planlægge.

☹ Han har svært ved at spare op til større udgifter og bekymrer sig konstant om økonomien.

☹ Usikkerheden omkring hans indkomst påvirker hans evne til at slappe af og nyde sit arbejde.

Løsning med økonomisk terapi

☺ Morten får oprettet en friværdikonto i banken, som giver ham fleksibilitet og tryghed i hverdagen *(læs kapitel 8)*.

☺ Han opretter en opsparing som ekstra sikkerhed i perioder med lavere indkomst *(læs kapitel 5)*.

☺ Morten udvikler en model med flere indkomstkilder, der skaber en mere stabil indtægt *(læs kapitel 7)*.

☺ Morten lærer at skelne mellem arbejdstid og fritid. Han får prioriteret at tage pauser i løbet af dagen for at undgå udbrændthed *(læs kapitel 6)*.

Livet er kort,

og det er her for at blive levet.

– Kate Winslet

2. Konsekvenser af økonomisk stress

I de tre cases fra det foregående kapitel er det tydeligt, at økonomi har en afgørende indflydelse på både familien og de enkelte personer. Økonomiske problemer resulterer ofte i stress og kan medføre lavt selvværd og mindre selvtillid. Når en person kæmper med at opfylde sine økonomiske forpligtelser, kan vedkommende føle sig utilstrækkelig og mislykket.

Følelsen af ikke at kunne forsørge sig selv eller sin familie kan være overvældende og nedbrydende. At have svært ved at forvalte sin økonomi kan føre til følelser af skam og skyld. Mange mennesker skammer sig over deres økonomiske situation, og tror det er deres egen skyld, selvom det ofte skyldes omstændigheder uden for deres kontrol. Denne skam kan isolere dem fra venner og familie, og mange har svært ved at søge hjælp.

Langvarig økonomisk stress har alvorlige konsekvenser for den mentale sundhed. Det kan føre til angst, depression og andre mentale problemer. Bekymringer om økonomien kan blive altopslugende og gøre det svært at fokusere på andre områder af livet. Pengeproblemer skaber tit spændinger og konflikter i forholdet til familie og venner. Økonomisk stress vil ofte påvirke sociale relationer. Frygten for at blive dømt eller misforstået kan få en person til at trække sig tilbage og undgå sociale sammenhænge.

En persons selvopfattelse er ofte bundet til deres fremtidige håb og drømme. Økonomisk usikkerhed kan knuse disse drømme og efterlade en følelse af håbløshed og stagnation. Personer, der er økonomisk stressede, kan føle, at de er fanget i deres nuværende situation uden udsigt til forbedring. Det er derfor vigtigt, at man finder overskud til at søge hjælp og støtte hos andre.

Jeg vil altid anbefale personer med økonomisk stress at få hjælp fra professionelle rådgivere eller coaches, da de forstår hvordan økonomi påvirker ens selvværd. De kan identificere, om det stammer fra tidligere økonomiske traumer. Herved sikres man råd og vejledning, der er tilpasset ens specifikke livssituation.

Økonomiske traumer

Når jeg hjælper personer med økonomisk stress, skal jeg have kortlagt de økonomiske traumer, som har haft indvirkning på personens selvværd og mentale helbred. Tidligere økonomiske traumer kan påvirke en persons evne til at træffe sunde økonomiske beslutninger i fremtiden. Herunder er nogle af de mest almindelige traumer.

- **Afskedigelse fra arbejde:** Pludselig arbejdsløshed betyder tab af sin hovedindkomst, hvilket kan føre tab af identitet, økonomisk usikkerhed og bekymringer om fremtiden.

- **Konkurs samt stor gæld:** Manglende evne til at håndtere stor gæld eller en konkurs kan have langvarige økonomiske og psykiske konsekvenser. Det kan være at man har mistet sit hjem eller fået afslag i banken til opstart af en ny virksomhed. Det vil ofte give økonomisk stress og belastning af ens mentale helbred.

- **Store tab på investeringer:** Tab af store beløb på aktier, ejendom eller andre investeringer kan forårsage følelsesmæssig stress og mistillid til de finansielle markeder.

- **Svindel eller økonomisk misbrug:** At være offer for svindel, bedrageri eller økonomisk misbrug kan ikke kun resultere i økonomiske tab, men også føre til traumer og mistillid til andre.

- **Naturkatastrofer eller uforudsete begivenheder:** Økonomiske tab som følge af naturkatastrofer, pandemier, krige eller andre uforudsete begivenheder som skaber usikkerhed i verden, og det rammer én økonomisk.

- **Langvarig økonomisk usikkerhed:** Vedvarende økonomisk usikkerhed, lav indkomst samt stigende leveomkostninger kan føre til kronisk stress og angst.

Hvis du har oplevet økonomiske traumer, kan det føre til udvikling af *pengeangst*. Pengeangst er en irrationel eller overdreven frygt og bekymring for penge og økonomiske forhold. Denne angst kan manifestere sig på forskellige måder, herunder frygt for ikke at have tilstrækkelige midler, angst for at bruge penge, eller en konstant bekymring over økonomiske beslutninger og fremtidige udfordringer. Pengeangst har en alvorlig indvirkning på livskvaliteten og kan medføre mange helbredsproblemer. Desuden kan denne angst også hæmme din evne til at træffe fornuftige økonomiske beslutninger og dermed yderligere forværre din livskvalitet, hvilket kan være starten på en ond cirkel i dit liv.

For at overvinde pengeangst er det nødvendigt at konfrontere og arbejde med din frygt. Hvis du for eksempel er bekymret for ikke at have penge nok til husleje og mad, skal du være opmærksom på, at frygten for at miste og ikke have nok er en grundlæggende menneskelig reaktion. Et fornuftigt skridt kan være at lægge et langsigtet budget og vurdere, om din angst er realistisk. Hvis budgettet i første omgang ikke balancerer og dermed giver underskud, er du nødt til at foretage justeringer, så det kommer i balance. Dette kan være en udfordrende proces, som kræver ny viden og ændringer i din pengeadfærd. I *kapitel 5* vil jeg vise dig, hvordan du bruger budgettet som terapiredskab.

Gæld gør den frie mand til slave.

- Publilius Syrus

3. Psykologien omkring gæld

Mange mennesker opbygger gæld, fordi det er nemt at låne penge. De fleste butikker tilbyder, at man kan få sine køb finansieret over flere år til en lav rente, men til gengæld skal der ofte betales høje administrations- og betalingsgebyrer. Pludselig er lånet blevet dyrt med en høj årlig omkostning i procent (ÅOP). Gæld er for mange mennesker vejen til dårlig økonomi og sandsynligvis et liv med forringet livskvalitet.

ÅOP står for Årlig Omkostning i Procent og er summen af alle renter, gebyrer og andre omkostninger, du betaler for lånet. ÅOP viser dig, hvad lånet reelt koster, og kan bruges, når du sammenligner priser på forskellige lån.

De fleste opfatter gæld som noget negativt, og det er også vigtigt at være bevidst om konsekvenserne ved at optage gæld. Gæld begrænser friheden til at leve, som man ønsker, da man er nødt til at arbejde for at betale sine kreditorer. At være i gæld kan have alvorlige psykologiske konsekvenser, som påvirker ens livskvalitet. De mest almindelige mentale symptomer forbundet med gæld er:

- **Stress og angst:** Bekymringer om at betale regninger og opfylde økonomiske forpligtelser kan føre til konstant stress. Frygt for at miste ejendele, blive sagsøgt, eller erklæret insolvent kan skabe vedvarende angst. Desuden kan angst og stress påvirke evnen til at træffe gode økonomiske og livsbeslutninger. Gæld fører også til konflikter mellem partnere, især hvis der er uenighed om, hvordan gælden skal håndteres.

- **Skyld og skam**: Der kan være følelser af skyld over at have lånt penge eller ikke kunne tilbagebetale dem til tiden, og mange føler skam over at være i gæld, hvilket kan føre til lavt selvværd og social isolation. For nogle kan gæld påvirke deres selvforståelse og identitet, især hvis deres selvværd er bundet til deres økonomiske status.

- **Helbredsproblemer**: Langvarig økonomisk stress kan føre til fysiske helbredsproblemer som højt blodtryk, hjerteproblemer og svækket immunforsvar. Konstante bekymringer om økonomi kan gøre det svært at koncentrere sig om andre opgaver, og man kan få forstyrrede søvnmønstre, hvilket resulterer i søvnløshed eller urolig søvn. Vedvarende økonomisk stress kan bidrage til eller forværre depressive symptomer, såsom håbløshed og manglende interesse i daglige aktiviteter. Man kan begynde at få en usund livsstil som overforbrug, alkohol eller stofmisbrug, grundet den økonomiske situation.

Det er dog meget forskelligt hvorledes mennesker reagerer på at have en stor gæld. Mens nogle føler mange af ovenstående symptomer, kan andre opleve færre eller ingen. Jeg vil dog altid opfordre til, at man får nedbragt sin gæld. Den eneste gæld som normalt kan være god at have, er gæld i en bolig. I *kapitel 8* tager jeg fat i boliggæld, da denne form for gæld normalt er lidt mere kompleks.

Metoder at nedbringe gæld

Hvis du har en gæld, så er det vigtigt at vælge den bedste afbetalingsstrategi, det kan nemlig betyde meget for hvornår du er gældfri. Jeg vil gennemgå de to mest almindelige strategier.

Gældssnebolden

Trin 1
Lav en liste over din gæld
Rangér alle dine gældsposter fra den mindste til den største skyldige saldo.

Trin 2
Betal minimum på alle gældsposter
Sørg for at betale mindst det minimale beløb på alle dine gældsposter hver måned.

Trin 3
Fokusér på den mindste gæld
Brug ekstra penge til at betale så meget som muligt på den mindste gæld, indtil den er betalt af.

Trin 4
Gentag med den næste gældspost
Når den mindste gæld er betalt, tager du det beløb, du brugte på den, og lægger det til betalingen på den næstmindste gæld. Fortsæt denne proces, indtil alle dine gældsposter er betalt af.

Figur 1 - Gældssnebolden

Idéen med gældssnebolden på *figur 1* er, at du skal betale de mindre gælds-poster af først, så det kan give en følelse af fremgang og motivation. Dog vil du sandsynligvis ende med at betale flere penge i renter end med gældslavine metoden.

Gældslavine

Trin 1 — Lav en liste over din gæld
Rangér alle dine gældsposter fra den højeste til den laveste på baggrund af årlig omkostning i procent (ÅOP).

Trin 2 — Betal minimum på alle gældsposter
Sørg for at betale mindst det minimale beløb på alle dine gældsposter hver måned.

Trin 3 — Fokusér på den højeste ÅOP
Brug ekstra penge til at betale så meget som muligt på gælden med den højeste ÅOP, indtil den er betalt af.

Trin 4 — Gentag med den næste gældspost
Når gælden med den højeste ÅOP, tager du det beløb, du brugte på den, og lægger det til betalingen på den næsthøjeste ÅOP. Fortsæt denne proces, indtil alle dine gældsposter er betalt af.

Figur 2 - Gældslavine

Gældslavinen på *figur 2* er som regel den mest optimale metode. Du betaler mindre i renter og omkostninger over tid, hvilket sparer penge i det lange løb. Det kan dog tage længere tid at se konkrete resultater, hvilket kan være demotiverende. Mange personer finder det nyttigt at kombinere strategierne eller tilpasse dem til deres unikke situation.

For eksempel kan du starte med gældssneboldsmetoden for at få nogle tidlige sejre, og derefter skifte til gældslavine metoden for at fokusere på gælden med den højeste rente. Du skal huske hele tiden at betale af på din gæld, også i de perioder hvor du føler det ikke nytter noget.

Mine råd til gældsafvikling

★ Undersøg om det er muligt at samle flere gældsposter i et enkelt lån med en lavere rente.

★ Forhandle med dine kreditorer for at reducere det skyldige beløb eller få en lavere rentesats.

★ Foretag ekstra betalinger på din gæld, når du har ekstra penge til rådighed.

★ Overvej dine nuværende udgifter og hvor meget ekstra du realistisk set kan afsætte til afbetaling på gælden hver måned.

★ Overvåg din fremgang og justere din plan for afbetaling af gælden efter behov.

Ingen kan få dig til at føle dig mindreværdig uden din tilladelse.

- Eleanor Roosevelt

4. Din pengetype

Mennesker kan inddeles i forskellige pengetyper baseret på deres forhold til penge, økonomiske vaner og holdninger. Disse pengetyper kan hjælpe med at forstå, hvordan mennesker tænker og handler i forhold til økonomi. Det er vigtigt, at du kender din(e) type(r), så du kan arbejde med de styrker og svagheder, de(n) indebærer. Jeg har udviklet en model med otte pengetyper, som illustreres ved hjælp af forskellige dyr – lidt som en parallel til stjernetegn.

Spareren (Grisen)

→ *Fokuserer på at spare penge og er ofte meget forsigtig med at bruge dem.*

→ *Har en stærk følelse af sikkerhed, når han/hun har en betydelig opsparing.*

→ *Kan være tilbageholdende med at tage økonomiske risici eller foretage større køb.*

Forbrugeren (Aben)

→ *Nyder at bruge penge og har ofte et forbrugsmønster, der kan være svært at kontrollere.*

→ *Har en tendens til at købe ting impulsivt og kan lide at belønne sig selv med materielle goder.*

→ *Kan ofte ende i gæld på grund af overforbrug.*

Investoren (Tyren)

→ *Har en stærk interesse i at investere penge for at få dem til at vokse.*

→ *Tager velovervejede risici og søger muligheder for økonomisk vækst gennem aktier, ejendom og værdipapirer.*

→ *Fokuserer på at opbygge langsigtet rigdom.*

Den bekymrede (Fisken)

→ *Er konstant bekymret for penge, uanset deres faktiske økonomiske situation.*

→ *Kan have svært ved at sove eller koncentrere sig på grund af økonomiske bekymringer.*

→ *Har ofte svært ved at nyde at bruge penge, selv når de har økonomisk sikkerhed.*

Frihedssøgeren (Delfinen)

→ *Ser penge som en vej til frihed og uafhængighed.*

→ *Prioriterer økonomisk frihed og fleksibilitet over materielle goder.*

→ *Kan være ivrig efter at undgå gæld og har en tendens til at leve under evne.*

Giveren (Hunden)

→ *Får glæde af at bruge penge på andre og støtter ofte velgørende formål eller hjælper venner og familie økonomisk.*

→ *Kan nogle gange forsømme deres egne økonomiske behov for at hjælpe andre.*

→ *Finder værdi og mening i at dele sine ressourcer og penge.*

Magtspilleren (Løven)

→ *Ser penge som et middel til at opnå magt og kontrol.*

→ *Kan være fokuseret på at få rigdom for at øge sin status og indflydelse.*

→ *Har ofte en konkurrencepræget tilgang til penge og økonomisk succes.*

Drømmeren (Fuglen)

→ *Har store planer og visioner for fremtiden, men kan mangle konkrete økonomiske planer for at realisere dem.*

→ *Har tendens til at fokusere på ideer og projekter, men kan have svært ved at styre deres daglige økonomi.*

→ *Kan være kreativ og innovativ, men er tit økonomisk ustabil, hvis ikke de udvikler en realistisk økonomisk strategi.*

De fleste mennesker kan se aspekter af sig selv i flere af disse typer og man kan dermed have egenskaber fra flere typer. Men oftest vil der være én type som er dominerende. At få identificeret sin pengetype er nyttigt for at forstå sin økonomiske adfærd bedre. Når du kender din pengetype, kan du bedre anvende værktøjerne i denne bog, og på sigt opnå en mere balanceret tilværelse og en sund økonomi.

Pengetype og forbrugsvaner

Ved at udarbejde en analyse af dine forbrugsvaner, kan du også lettere identificere din pengetype. Dette giver dig en klarere forståelse af, hvordan dine penge bliver brugt, og om det afspejler dine prioriteter i livet. Mange mennesker har nemlig ikke overblik over, hvad de egentlig bruger deres penge på.

Analyse af dine forbrugsvaner

Få et overblik over de sidste 6 måneder

Åben din netbank og find kvitteringer for de sidste seks måneder. Dette giver et repræsentativt billede af dine udgifter. Til en hjælp kan du bruge apps som Spiir eller se om din bank har værktøjer til rådighed i deres egen app til at spore udgifter.

Kategoriser dit forbrug

Opdel dine udgifter ind i kategorier som boligudgifter, mad, transport, rejser underholdning, sundhed/medicin, abonnementer, kæledyr osv. Det skal være kategorier som er meningsfyldte for dig. Jeg vil anbefale dig at bruge et regneark som f.eks. Excel eller Google Sheets til denne øvelse. Men du kan også bare bruge pen og papir.

Udregn pr. måned og pr. år.

Trin 3

Opgørelse af de totale udgifter. Det er relevant at opgøre hver kategori for sig. Prøv derefter at udregne hvor meget du bruger pr. måned og pr. år. Identificer hvilke udgifter der dominerer i din opgørelse og om der er nogle som kommer på bestemte tidspunket, det kan være opkrævning af lån, varme eller forsikringer.

Optimering af dine udgifter.

Trin 4

Du skal nu identificere de udgifter i hver kategori som er nødvendige og hvilke som ikke er. Et eksempel kan være i madkategorien hvor du skal købe basisfødevarer, men f.eks. luksus mad eller take away kan blive skåret ned. Det kan også være at du kan opsige nogle streamingtjenester.

Figur 3 - Analyse af dine forbrugsvaner

Efter at have gennemgået de fire trin i *figur 3*, kan du også bedre udarbejde et retvisende budget. Husk at det kan være udfordrende at ændre sit forbrug, og det tager tid at opbygge nye vaner. Du kan måske føle, at du går glip af livets 'gode ting', hvis budgettet ikke længere tillader køb af den nyeste telefon eller luksustaske. At ændre sin forbrugsadfærd kan være lige så udfordrende som at være på en slankekur, hvor det også er svært at omlægge sin kost og kun spise det, der er godt for kroppen. Men jeg kan love dig, at når det lykkes, vil du blive mere tilfreds med dit liv. For at ændre din forbrugsadfærd kræver det, at du opbygger et stærkt selvværd og ikke længere 'køber' dig til et selvværd.

Et stærkt selvværd

At tage styring over din økonomiske situation og ændre dine forbrugsvaner kræver, at du opbygger et sundt selvværd, hvilket kan opnås gennem en bevidst indsats. Jeg anbefaler en holistisk tilgang, der fokuserer på personlige styrker, værdier og relationer. Dette hjælper med at opbygge et robust selvværd, der er uafhængigt af din økonomiske situation. Det handler om at finde værdi i dig selv som person og ikke måle din værdi gennem materielle ting eller økonomisk succes.

For at opnå et stærkt selvværd er det afgørende, at du har en dyb forståelse af dig selv. Dette kræver ærlighed og en villighed til at reflektere over både dine styrker og de områder, hvor du kan udvikle dig. Prøv at tage en personlighedstest. Der findes mange forskellige tests, og hvis du er medlem af en fagforening, tilbyder de ofte adgang til at man gratis kan tage én test hos dem, ellers findes der også personlighedstest på internettet.

Alternativt kan du begynde at skrive dagbog eller praktisere meditation for at opnå større selvindsigt. Det kan også være værdifuldt at tale med venner og bekendte, der kender dig godt, for at få deres perspektiv på dine styrker. At lære dig selv bedre at kende er en forudsætning for at starte en personlig udvikling. Har du for eksempel altid drømt om at spille guitar, kan du begynde med at købe en brugt guitar, og finde YouTube videoer med hvorledes du spiller på den.

Jo bedre du kender dig selv, desto mere vil din selvindsigt styrke dit selvværd, og du vil blive bedre til at træffe de økonomiske beslutninger, som er rigtige i dit liv.

Mine råd til at bygge et godt selvværd

★ **Find dine styrker:** Lav en liste over dine personlige styrker og succeser, store som små. Mind dig selv om de positive ting, du har opnået, og de kvaliteter, der gør dig unik.

★ **Sæt realistiske mål:** Målene skal være opnåelige og meningsfulde for dig. Fokuser på både personlige og faglige mål, såsom at lære en ny færdighed, forbedre din sundhed eller få en ny hobby.

★ **Udvikle selvmedfølelse:** Vær venlig mod dig selv, især når du møder udfordringer eller fejler. Undgå selvkritik og snak ikke negativt om dig selv. Til gengæld så skal du prøve at få mere positive og opmuntrende tanker.

★ **Styrk dine relationer:** Byg stærke og støttende relationer med venner, familie og kolleger. Vær åben over for at dele dine tanker og følelser med én god ven.

★ **Engager dig i aktiviteter:** Deltag i aktiviteter, der bringer dig glæde og lykke, uanset om det er hobbyer, frivilligt arbejde eller sociale begivenheder. Find måder at bidrage positivt til samfundet eller andre mennesker på, det vil give en følelse af formål og værdi.

★ **Praktiser taknemmelighed:** Hold fokus på de positive aspekter af dit liv, og vær taknemmelig for dem. Overvej at føre en dagbog, hvor du dagligt noterer, hvad du er taknemmelig for.

★ **Afsæt tid til personlig udvikling:** Investér tid i personlig udvikling gennem bøger, kurser eller terapi. Lær dig selv og dine værdier bedre at kende, og stræb efter at blive den bedste version af dig selv.

★ **Dyrk mindfulness og meditation:** At praktisere mindfulness og meditation kan hjælpe med at reducere stress og øge selvbevidstheden. Vær til stede i nuet og lær at acceptere dig selv, som du er.

★ **Sæt grænser og pas på dig selv:** Lær at sige nej og sætte sunde grænser for at beskytte dig selv. Sørg for, at du får nok hvile, motion og en sund kost.

★ **Søg professionel hjælp:** Hvis du kæmper med lavt selvværd, kan det være gavnligt at tale med en coach eller terapeut. Professionel hjælp kan give dig værktøjer og strategier til at forbedre dit selvværd.

Penge er ikke det eneste svar,

men de gør en forskel.

- Barack Obama

5. Brug budgettering som terapiredskab

Det er vigtigt, at du udarbejder et budget for dit fremtidige forbrug, da det er en af de bedste metoder til at mindske økonomisk stress. Et budget vil give overblik og indsigt i din økonomiske situation. Det kan især hjælpe som terapiredskab, hvis din pengetype f.eks. indeholder *Den bekymrede (Fisken)* eller *Forbrugeren (Aben)*.

Opbygning af et budget

Der findes flere metoder til at opbygge et godt budget. Først er det vigtigt, at du beslutter, om budgettet skal dække hele familien, eller det skal være separate budgetter. For eksempel kan du vælge at have et fælles budget med din partner, samtidig med at du har et personligt budget.

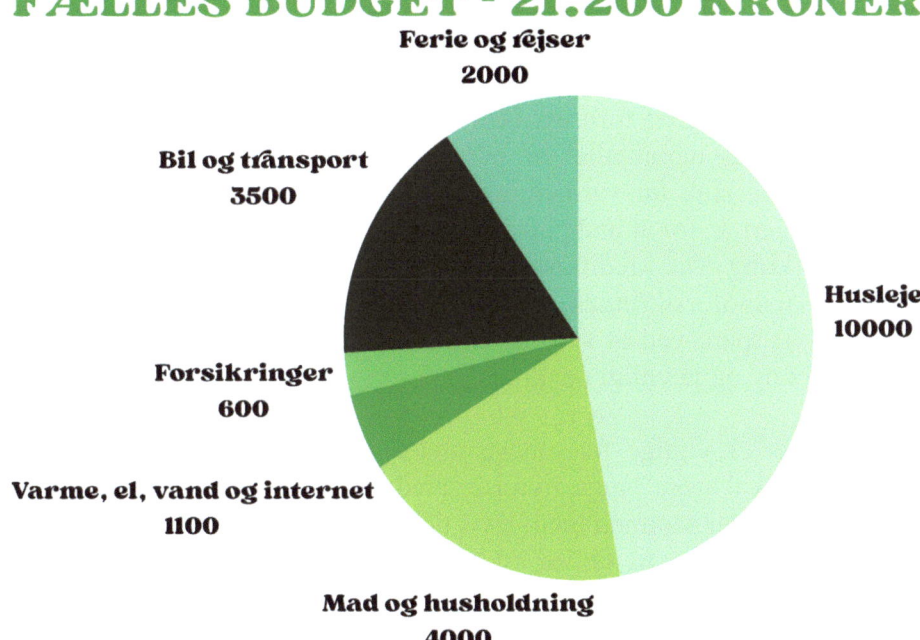

Figur 4 - Fælles budget

I *figur 4* viser jeg et eksempel på, hvilke kategorier der kan indgå i et fælles budget. Jeg vil ikke diktere, hvilke udgifter der bør være i jeres fælles budget, og hvilke der skal være i jeres personlige budget. Dette bør I drøfte sammen for at finde en balance, der passer til jeres liv. Jeg anbefaler at opdele budgetterne på denne måde, da det både giver jer mulighed for at have 'egne' penge og samtidig skabe overblik over, hvilke penge der går til fællesudgifter.

I ckscmplct scs dct, at fælles budgettet er på 21.200 kroner. Huslejen/boligudgiften består enten af lejeudgifter eller af boliglån og ejerudgifter, hvis I ejer boligen. Hvis husstanden består af to personer, bør I kunne leve for et mad-/husholdningsbudget på 4.000 kroner ved at handle fornuftigt og billigt. Har I børn, bør I tillægge 1.500 kroner pr. barn. Jeg er dog opmærksom på, at madbudgettet kan variere, da prisniveauet på madvarer kan være meget forskelligt. Jeg anbefaler, at man holder øje med nedsatte varer, da mange fødevarer stadig er gode tæt på sidste salgsdato, og de kan ofte fryses ned til senere brug.

Udgifter til forsyning og forbrug, især varme, el og vand, afhænger både af boligens isolering og antallet af personer i husstanden. Husk at undgå standbystrøm og sluk for varmen, når der bliver luftet ud. Forsikringer bør gennemgås hvert år for at undgå dobbeltforsikring. For eksempel har mange en rejseforsikring via kreditkortet, men også én rejseforsikring, som er inkluderet i indboforsikringen. Bilen kan være en stor udgift, og der kan være penge at spare ved at skrotte den. Det er især dyrt at eje en bil, hvis den købes fra ny og jævnligt udskiftes.

Ferie og rejser er vigtige for mange mennesker, men husk, at ferier ikke nødvendigvis skal være lange flyrejser med luksushoteller. Det vigtigste er de mennesker, du er sammen med. Hvis der er store indkomstforskelle, kan I overveje, at bidragene til fælles budgettet vægtes efter jeres indkomst, så den, der tjener mest, også bidrager mest til fælles budgettet.

 # F... U konto!

Til brug for det personlige budget i *figur 5*, vil jeg gerne introducere *F... U kontoen*, også kendt som en nødopsparing. Jeg anbefaler altid at oprette sådan én konto. Den giver dig mulighed for at opsige et job eller håndtere uventede livsændringer. Du bør spare op, så du har mindst tre måneders forbrug dækket, men gerne op til 6 - 9 måneders forbrug. Opret en separat opsparingskonto til din F... U Konto med en attraktiv rente. Du kan bruge *mybanker.dk* til at finde den bank, der tilbyder den højeste rente. Tjek også om din fagforening har samarbejde med banker som giver en god rente.

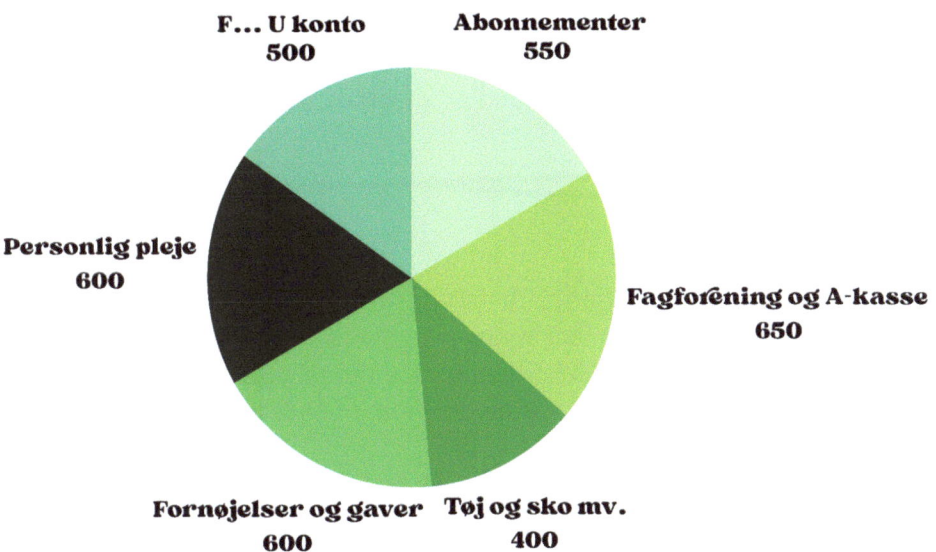

Figur 5 - Personligt Budget

Udover opsparing til F... U-kontoen, så består det personlige budget af faste udgifter som abonnementer, fagforening og A-kasse. Jeg anbefaler altid at være medlem af en A-kasse. Abonnementer kan ofte reduceres. Mange mennesker har for eksempel et fitnessabonnement, de sjældent bruger, eller flere streamingtjenester, som kan skæres ned til færre og udskiftes løbende. Der findes også telefonabonnementer, der inkluderer streamingtjenester mod en mindre tillægspris.

Budgetposten til tøj og sko kan også ofte reduceres. En god regel er, at når du køber nyt tøj, skal du smide eller donere et tilsvarende stykke tøj fra klædeskabet. Budgetposten til fornøjelser og gaver kan også reduceres ved at finde gode tilbud på internettet.

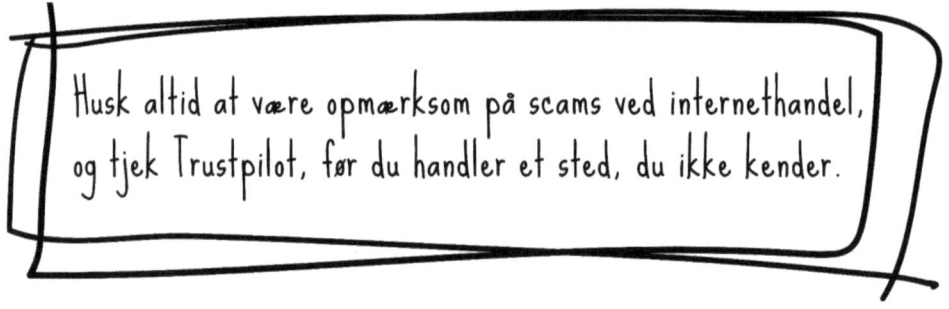

Husk altid at være opmærksom på scams ved internethandel, og tjek Trustpilot, før du handler et sted, du ikke kender.

Personlig pleje omfatter udgifter til frisør, tandlæge og medicin, og denne post kan variere meget. Du kan spare penge ved for eksempel at farve dit hår derhjemme og købe smertestillende medicin på recept i større pakker i stedet for at betale dyrt for den samme medicin i håndkøb.

Hvis du synes, det er svært at overholde budgettet, findes der forskellige apps, man kan downloade for at holde styr på sit forbrug. Alternativt kan du bruge et kuvertsystem, hvor pengene hæves som kontanter og lægges i hver sin kuvert, mærket med den relevante budgetpost.

Er fællesøkonomi bedre?

Mange familier/par vælger stadig at have fællesøkonomi, hvor alle pengene lægges i en fælles 'kurv'. Dette kan skabe større økonomisk lighed, hvis der er stor forskel på de individuelle indtægter. Hvis man vælger fællesøkonomi, vil jeg dog stadigvæk anbefale, at begge parter får 'lommepenge', f.eks. 2.000 kroner om måneden, som man frit kan disponere over. Dette kan mindske uenigheder om, hvordan pengene skal prioriteres, da man dermed har egne penge til personlige ting. Mange konflikter i parforhold sker nemlig, fordi man ikke er enige om, hvad pengene skal bruges på.

Modsætningen til fællesøkonomi er at have fuldstændigt separate økonomier, hvor hver person råder over sine egne penge. Fællesudgifter aftales indbyrdes, f.eks. at den ene person betaler husleje og forsyning, mens partneren betaler for mad, bil og øvrigt forbrug.

Der er naturligvis ikke nogen rigtig eller forkert måde at håndtere fællesøkonomien på. Jeg vil anbefale, at I afholder 'økonomi-dates', hvor I sammen gennemgår og drøfter fællesudgifterne. Det behøver ikke at tage lang tid, men det sikrer, at begge parter er enige om fordelingen. Husk, at I altid kan justere aftalen undervejs.

Find dit rådighedsbeløb

Når du taler med banken eller læser artikler om budgettering, vil du høre om begrebet *rådighedsbeløb*. Beregning af rådighedsbeløbet kan virke både simpelt og komplekst. Kort fortalt er rådighedsbeløbet det beløb, du har tilbage, efter dine indtægter er fratrukket de faste udgifter.

Faste udgifter er de, der kommer regelmæssigt, som månedligt eller kvartalsvis, og omfatter f.eks. boligudgifter med forbrug, transport, forsikringer, fagforening/A-kasse og abonnementer. Husk kun at medregne din andel af disse udgifter, hvis I er flere, der deles om udgifterne. Rådighedsbeløbet er pengene, som du kan bruge til forbrug og opsparing.

Dette kan f.eks. være til mad, tøj, personlig pleje, gaver og fornøjelser. Bankerne har vejledende minimumsgrænser for rådighedsbeløb. Som single person forventes det, at du har omkring 7.500 kroner pr. måned, mens et par typisk bør have cirka 13.000 kroner pr. måned her i 2025. Derudover tillægges 2.500 kroner pr. barn. Disse beløb kan variere fra bank til bank. Det vigtigste er, at du selv ved, hvor meget du kan leve for, uden at dit liv bliver for surt.

At kende dit rådighedsbeløb er især vigtigt, hvis du senere ønsker at blive godkendt til et boligkøb *(læs kapitel 8)*. Banken vurderer nemlig dit rådighedsbeløb, når de skal godkende dig, og hvis du kan dokumentere, at du kan leve for et mindre beløb, kan det øge dine chancer for at få godkendt et større lån.

Undgå livsstilsinflation!

Livsstilsinflation betyder, at man bruger flere penge for at opretholde en højere levestandard. Ting, der tidligere blev betragtet som luksus, bliver nu opfattet som nødvendigheder.

Har du lagt mærke til, at mange rige mennesker ofte ikke går i tøj med eksklusive logoer og sjældent viser en masse luksusgenstande frem? Selvom de har en stor formue, er det ikke altid tydeligt i deres livsstil. Faktisk kan dette være nøglen til deres rigdom og medvirkende til, at de er blevet velhavende. De har været gode til at undgå livsstilsinflation og lever under evne. Hvis du gerne vil have en god økonomi og undgå økonomisk stress, bør du derfor være opmærksom på ikke at opbygge en dyr livsstil.

I investeringskredse er Warren Buffett en berømt og meget succesfuld investor, som har tjent flere hundrede milliarder på aktiemarkedet. Men selvom han har tjent så mange penge, bor han stadig i det hus, han købte i 1958 for 31.500 dollars. Selvom huset i dag er meget mere værd, er han et godt eksempel på en ekstremt velhavende person, der har levet under evne og fået sine penge til at vokse betydeligt gennem mange år.

Warren Buffett er en amerikansk investor. Han bliver betragtet som en af de mest succesfulde investorer i verden. I oktober 2024 havde han en nettoformue på 147 mia. dollars, hvilket gjorde ham til verdens ottende rigeste person.

Personligt har jeg altid levet på en måde, der gør, at det ikke ville være en katastrofe, hvis jeg mistede mit job og dermed min hovedindkomst. Mange mennesker er ikke bevidste omkring alternativerne, når de bruger penge.

> **Eksempel på forbrug vs. opsparing:** *Du bruger 50 kroner om dagen på kaffe fra den lokale kaffebar i hverdagen, det bliver cirka 1.000 kroner om måneden. Hvis du i stedet investerer disse penge på aktiemarkedet med et afkast på 7 % om året, hvilket er realistisk, vil du efter tyve år have en opsparing på* **over en halv million kroner***.*

Jeg håber, du forstår, at jeg ikke mener, livet skal være surt, eller at man skal vende hver mønt. Selvfølgelig skal du købe kaffe, hvis det giver dig værdi i dit liv. Men jeg vil gerne have, at du overvejer, hvad du køber, og om det er noget, du egentlig kan undvære. Jeg køber for eksempel sjældent nyt tøj, og når jeg gør, er det ikke mærkevarer. For mig giver det bedre mening at bruge mine penge på oplevelser. Det kan være at gå i biografen, til vinsmagning eller at rejse. Men jeg sætter også pris på en gåtur ved stranden eller at hygge mig med noget hjemmelavet mad. Der er mange måder at spare penge på, og jeg vil gerne dele nogle af mine bedste tips med dig.

Mine bedste sparetips!

★ **Pas på med impulskøb:** Lav en regel om at vente 24 timer, før du foretager et ikke-essentielt køb og husk at lade være med at kigge på spotvarerne i supermarkedet.

★ **Tag offentlig transport eller cyklen:** Når jeg skal rundt i hverdagen, bruger jeg primært offentlig transport, cykler eller går rundt. Det er billigt og giver god motion.

★ **Skær ned på dine abonnementer:** Har du et fitnessabonnement, så kan du måske løbe en tur i naturen i stedet for eller har du et abonnement på grøntsager, så kan du måske selv dyrke dem.

★ **Brug prissøgningsmaskiner:** Der findes prissøgningsmaskiner på nettet til alt lige fra dagligvarer til forsikringer.

★ **Lav en madplan:** Jeg ved godt det er kedeligt, men hvis du laver en madplan, så undgår du at købe for meget når du handler. Og husk, at du ikke skal handle når du er sulten.

★ **Tjek dine forsikringer:** Der er mange som er dobbeltforsikret, for eksempel kan du have en rejseforsikring indbygget i dit kreditkort, men også have det i din indboforsikring.

★ **Reparer i stedet for at købe nyt:** Jeg vil anbefale at du finder ud af om det kan betale sig at få ting repareret. Der findes faktisk steder med frivillige, hvor man kan komme og få hjælp til reparationer af sine ting. Og husk at det også giver god mening i forhold til miljøet.

★ **Brug de gratis glæder:** Husk at man sagtens kan hygge sig uden det koster noget. Det er gratis at tage på biblioteket, hoppe i havnebadet eller benytte museer på deres gratisdage.

★ **Loyalitetsprogrammer:** Mange butikker har apps hvor du kan optjene point eller du kan få et betalingskort hvor du kan få bonus, jeg bruger f.eks. *Visa Cashback* og *Forbrugsforeningen*.

★ **Kig efter gode deals:** Mange nye butikker eller spisesteder kører tit med deals hvor man kan spare 30% – 50% af normalprisen. Der kan f.eks. være en 'early bird', hvor du kan spare penge ved at komme først på aftenen.

★ **Brug kuponkoder:** Husk at gemme de kuponkoder du får, og hvis du skal købe noget på nettet, så tjek lige om der er en kode til nye kunder. Du kan også bruge en app som f.eks. *Molly* til at få rabatkoderne.

★ **Brug betalingskort:** Når du køber ting på nettet, så findes der jo desværre mange steder som snyder deres kunder. Husk derfor at bruge betalingskort, så har banken mulighed for at tilbageføre beløbet. Derfor skal du også helst undgå at bruge kontooverførsel. Du har desuden altid 14 dages returret ved varekøb i internetbutikker.

Du lever kun en gang, men hvis du gør det rigtigt, er en gang nok.

– Mae West

6. Din balance

At få styr på økonomien skaber ro i tilværelsen og forbedrer din nattesøvn. Det er en central del af at opnå et lykkeligere liv og økonomisk frihed. En solid økonomisk planlægning giver dig mulighed for at leve mere bekymringsfrit og fokusere på de ting, der virkelig betyder noget for dig. Husk, at tid er penge. Derfor er det vigtigt at finde ud af, hvad du vil bruge din tid på. Giver et stort hus og en dyr bil dig et mere tilfredsstillende liv, eller vil du hellere have mere frihed og mindre arbejde? Prioriteringerne er individuelle, men for mig handler det om at være bevidst om, hvad jeg køber, og hvilken værdi det tilfører mit liv.

> Find dine personlige kerneværdier. Hvis du ikke lever i overensstemmelse med dine værdier, er du ikke autentisk. Det bliver derfor svært for dig at finde motivation og energi i dagligdagen.

Jeg vil vove at påstå, at alle kan drage fordel af at opbygge et stærkt økonomisk fundament. Det er en vigtig brik i at skabe et frit liv og opnå økonomisk balance. Hvis du har et liv præget af overforbrug og livsstilsinflation, kan det være svært at ændre dyre vaner og skære ned på forbruget. Men den ro og stabilitet, du opnår ved at få styr på din økonomi, vil være det hele værd. At have kontrol over økonomien er ikke kun en praktisk nødvendighed, det er en livsstil. Det handler om at tage kontrol over fremtiden og sikre, at du kan nyde livet uden konstant bekymring over penge. Ved at investere tid i planlægning og træffe velovervejede beslutninger skaber du en solid base, der giver dig frihed til at forfølge dine drømme.

Bliver du lykkelig ved at have flere ting?

Mange mennesker tror, at et stort forbrug automatisk fører til lykke. Vi bliver konstant bombarderet med budskaber om, at flere materielle goder, såsom dyre biler, luksuriøse ferier og den nyeste elektronik, vil gøre os gladere og mere tilfredse. Men forskning viser, at denne form for lykke ofte er kortvarig. Mens køb af nye ting kan give et midlertidigt boost i humøret, har det sjældent en langvarig effekt på den overordnede tilfredshed med livet *(læs kapitel 10)*.

Undersøgelser har vist, at man ikke bliver mere lykkelig af at få et nyt køkken. Du bliver måske mere tilfreds med din bolig, men din generelle lykke ændres ikke. Faktisk kan et stort forbrug føre til stress og bekymringer, især hvis det resulterer i øget gæld, hvilket vil medvirke til økonomisk ustabilitet. Indre lykke kommer ofte fra immaterielle kilder som gode relationer, personlig udvikling og skønne oplevelser i livet, det giver mening og værdi. Ved at fokusere mindre på materielle besiddelser og mere på oplevelser og relationer kan man opnå en dybere og mere vedvarende følelse af lykke. Jeg vil næsten påstå, at jo flere ting du køber, jo mere ulykkelig kan du blive. Det kræver både plads og energi at have mange ting.

En lille historie: *Der var en kvinde, som købte en ny bil. Hun var meget glad for sin nye bil, men hurtigt skabte den også en del bekymringer. Når bilen var parkeret på gaden, var hun bange for, at folk kørte ind i den og dermed ville give den skader og ridser. Desuden kostede bilen hende mange penge hver måned i form af billån, værkstedsregninger, benzin, forsikring og grønne afgifter. I dag har hun solgt bilen og indset, at hun føler sig mere lykkelig uden den.*

Nu siger jeg ikke, at du skal lade være med at købe en bil, men jeg synes, det er værd at overveje, om man virkelig har brug for en bil, eller om ens transportbehov kan blive løst på en anden måde. Selv kan jeg godt lide at køre med tog eller cykle. Generelt køber jeg ikke mange ting, og jeg køber for det meste kun nye ting, når de gamle er gået i stykker eller er blevet forældede. Ofte undersøger jeg også, om jeg kan få tingene repareret i stedet for at købe nyt.

-Et gammelt kinesisk ordsprog -
Hvis du ejer mere end syv ting, så er det tingene, som ejer dig.

Man kan tydeligt se, at mange velhavende mennesker er bange og bekymrede for at miste deres ting. Det ses ved, at de sætter mure og porte op omkring deres huse, og de bruger mange penge på alarmsystemer. Jeg føler mig ikke særlig tilknyttet til mine ting, og det betyder, at jeg altid har valgt en indboforsikring med en lav forsikringssum, da ingen af mine ting har nogen større pengeværdi.

Naturligvis har jeg almindelig indbo som tøj, møbler, tv, computer osv., men det, jeg anser som mest værdifuldt, er mine fotoalbums og diplomer. Altså ting, der har høj affektionsværdi, men ikke høj værdi i kroner og ører. Mine smykker er et godt eksempel, jeg har kun billige smykker, så jeg behøver ikke være bange for at miste dem. Hvis jeg havde smykker til mange tusinde kroner, ville jeg hele tiden tænke på at skulle passe på dem, hvilket ville skabe unødvendige bekymringer hos mig. Jeg kan derfor kun anbefale, at du fjerner overflødige ejendele, da det kun skaber rod og distraktion i dit liv. Derefter skal du fokusere på det, der virkelig betyder noget for dig. De fleste finder mere glæde i oplevelser og relationer frem for materielle ting.

Du betaler med din tid

Har du nogensinde overvejet, hvor længe du skal arbejde for at kunne købe en bil, en mobiltelefon, et tv eller et par nye sko? Det kan være tankevækkende at tænke på, at hvis du for eksempel køber en ny større bil, så svarer det faktisk til et helt års arbejdsindkomst for de fleste mennesker. Hvis man desuden finansierer den med et billån, kræver det endnu flere arbejdstimer.

Du kan lave lignende beregninger for alt, hvad du køber, hvilket kan få dig til at reflektere over, om det er tiden værd. Kun du kan afgøre, hvad der er vigtigt for dig, men det er essentielt at huske, at din tid er værdifuld, da den aldrig kommer igen.

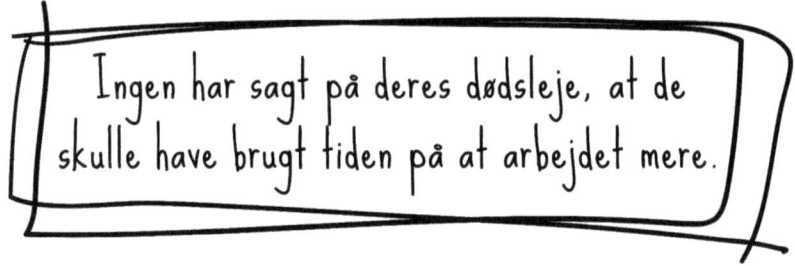

Ingen har sagt på deres dødsleje, at de skulle have brugt tiden på at arbejdet mere.

Personligt bruger jeg ikke mange penge på materielle ting. Det er ikke vigtigt for mig at have den nyeste mobiltelefon eller computer. Til gengæld bruger jeg mine penge på rejser og oplevelser. At komme ud og opleve nye ting giver mig værdi, og rejser er noget, jeg både elsker at planlægge og tænke tilbage på. Det giver mig derfor glæde og værdi på flere måder.

Selvom jeg rejser flere gange om året, sætter jeg også pris på oplevelser i Danmark. Det behøver ikke at være dyrt at skabe gode oplevelser med sin familie. Jeg prioriterer tid over penge og vil derfor aldrig bruge min tid på at arbejde blot for at kunne købe en masse ting.

Et bæredygtigt arbejdsliv

Nu skal det ikke lyde som om, at jeg mener du skal lade være med at arbejde. Et godt arbejde kan medvirke til, at du bliver mere tilfreds i hverdagen. Det skaber som regel mening og struktur i livet. Men har du overvejet, hvorfor du arbejder? Populært sagt plejer mennesker enten at arbejde for at leve eller at leve for at arbejde. Nogle mennesker finder mening i deres liv uden for deres arbejde, mens andre finder mening i at arbejde og faktisk ville gøre det, selvom de ikke havde behov for at tjene penge.

-Pareto-princippet-
80 procent af udbyttet kommer fra 20 procent af arbejdet.

Vi bør alle stræbe efter at skabe balance i vores arbejdsliv, men det ser forskelligt ud fra person til person. Det handler om at finde en sund fordeling af tid og energi mellem arbejde og andre vigtige aspekter af livet, såsom familie, venner, fritidsinteresser og egenomsorg. Med en god balance mellem arbejde og fritid kan du forbedre både din mentale og fysiske sundhed, øge jobtilfredsheden og produktiviteten samt opnå et generelt bedre liv. Jeg vil naturligvis give dig mine bedste råd til at du får et bedre arbejdsliv.

Mine råd til mere balance i dit arbejdsliv

★ **Sæt klare grænser:** Definer tydelige grænser mellem arbejde og fritid. Undgå at tage arbejde med hjem, hvis det er muligt, og sørg for at prioritere tid, der er helt fri for arbejdsrelaterede opgaver. Planlæg din dag og uge med både arbejdsmæssige og personlige aktiviteter. Brug en kalender eller f.eks. en planlægningsapp til at strukturere din tid effektivt.

★ **Sæt realistiske mål:** Sæt opnåelige mål for både dit arbejde og personlige liv. Dette hjælper med at undgå stress og giver en følelse af tilfredshed, når du når dine mål.

★ **Fleksible arbejdstider:** Hvis muligt, forhandle fleksible arbejdstider eller muligheden for at arbejde hjemmefra. Dette kan give dig mulighed for bedre at tilpasse dit arbejde til dit personlige liv.

★ **Pauser og hvile:** Tag regelmæssige pauser i løbet af arbejdsdagen for at undgå udbrændthed. Sørg for også at tage ferie og fridage. Du skal have tid til at reflektere, læse eller bare slappe af. Dette kan hjælpe med at genoplade din mentale energi.

★ **Fysisk aktivitet:** Indarbejd regelmæssig motion i din daglige rutine. Motion kan reducere stress og forbedre din generelle sundhed og velvære. Det kan f.eks. være at du går eller cykler til arbejdet.

★ **Forhandle med din arbejdsgiver:** Diskutér dine behov og grænser med din arbejdsgiver. Mange arbejdsgivere er villige til at støtte deres medarbejderes arbejds- og livsbalance ved at tilbyde fleksible arbejdsmuligheder f.eks. fire dages arbejdsuge eller mulighed for ekstra feriedage.

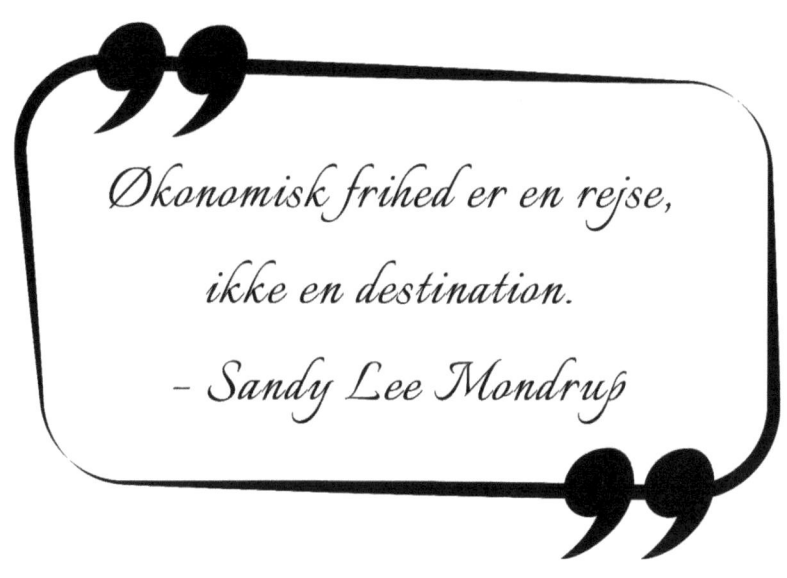

Økonomisk frihed er en rejse,

ikke en destination.

– Sandy Lee Mondrup

7. Økonomisk frihed

Jeg elsker økonomisk frihed, fordi jeg ikke vil 'tvinges' til at have et arbejde, som ikke motiverer mig. Det er måske meget privilegeret, men jeg vil være herre over mit eget liv og selv bestemme, hvad der giver mit liv værdi. Jeg vil nemlig gerne leve, mens jeg er på arbejde, og mener ikke, at mit arbejde blot skal være noget, som skal overstås.

Der er mange grunde til, at folk gerne vil opnå økonomisk frihed. Det kan medvirke til at give dem en følelse af uafhængighed uden økonomiske begrænsninger, samt muligheden for at træffe beslutninger baseret på personlige ønsker og værdier. Altså at de ikke nødvendigvis vælger jobs, der giver den højeste løn.

Økonomisk frihed vil også mindske stress og bekymringer, og derved forbedre livskvaliteten samt give mulighed for at leve et mere lykkeligt liv. Det kan ske ved, at man kommer på flere rejser, begynder på en ny uddannelse, eller måske starter sin egen butik. I det hele taget vil økonomisk frihed kunne give en mere meningsfyldt tilværelse.

Når du har økonomisk frihed, skal du heller ikke bekymre dig om uforudsete udgifter, arbejdsløshed eller andre problemer, som relaterer sig til økonomi. Du har mulighed for at bruge energien på at opnå dine fremtidsdrømme samt at sikre et godt liv både for dig selv og din familie.

Spillet om økonomisk frihed

Jeg anser lidt vejen til økonomisk frihed som et spil med forskellige niveauer. På hvert niveau, som ses i *figur 6*, skal man opbygge forskellige økonomiske kompetencer, før man kommer til det næste niveau. Jeg har udarbejdet en model med syv niveauer. Man behøver ikke nødvendigvis komme til det sidste niveau. Niveauerne kan bruges som milepæle og for at sikre den rigtige retning.

Niveauer af økonomisk frihed

Figur 6 - Niveauer af økonomisk frihed

Niveau 1 - Økonomisk solvent: Du har kontrol over din økonomi og lever inden for de penge som du har til rådighed. Desuden er din indkomst stabil, du holder et budget, og du kan dække dine månedlige udgifter uden problemer. Dermed er dette niveau opfyldt når du har et budget, sporer dine udgifter og sikrer at dine udgifter ikke overstiger dine indtægter.

Niveau 2 - Økonomisk stabilitet: Du har opsparet tilstrækkelige midler til at håndtere uforudsete udgifter og økonomiske nødsituationer. Det betyder at du har en *F... U konto* på 3-6 måneders forbrug. Husk derfor at oprette en separat opsparingskonto samt automatisk overførsel til denne konto hver måned.

Niveau 3 - Økonomisk gældfri: Du har betalt al forbrugsgæld, studielån og billån. Altså har du ikke anden gæld end eventuel realkreditgæld i boligen. Husk at benytte *gældssnebolden* eller *gældslavinen* til at blive gældfri.

Niveau 4 - Økonomisk sikkerhed: Du har tilstrækkelig opsparing og investeringer til at dække grundlæggende leveomkostninger i en længere periode. Dine opsparinger og investeringer kan dække 1-2 års leveomkostninger. Du investerer automatisk en del af din indkomst hver måned.

Niveau 5 - Økonomisk fleksibilitet: Du har tilstrækkclig økonomisk fleksibilitet til at foretage større livsændringer uden at gå på kompromis med din økonomiske sikkerhed. Det kan være du vil sige jobbet op, starter en virksomhed, eller flytter til et andet land. Sandsynligvis har du flere indkomstkilder og har aktiver, der genererer passiv indkomst *(læs mere om det i næste afsnit)*.

Niveau 6 - Økonomisk uafhængighed: Du har tilstrækkelig passiv indkomst til at dække din ønskede livsstil uden at skulle arbejde. Din passive indkomst dækker alle nødvendige udgifter samt ønskede udgifter til f.eks. rejser og hobbyer. På dette niveau er det vigtigt at opbygge og diversificere din investeringsportefølje med nye aktiver.

Niveau 7 - Økonomisk overflod: Du har mere end nok penge til at opfylde dine behov og ønsker, samt at give generøst til andre uden at påvirke din egen økonomiske sikkerhed. Dermed har du nu en stor formue, evne til filantropi samt økonomisk frihed til at forfølge enhver interesse. Dette sidste niveau kræver planlægning for langsigtet formuevækst og en effektiv forvaltning af formuen.

Skab din økonomiske frihed

For at opnå de øverste niveauer i modellen for økonomisk frihed, kræver det at du skaber en formue. Denne formue kan blive skabt på to måder, enten ved aktiv eller passiv indkomst som ses i *figur 7*.

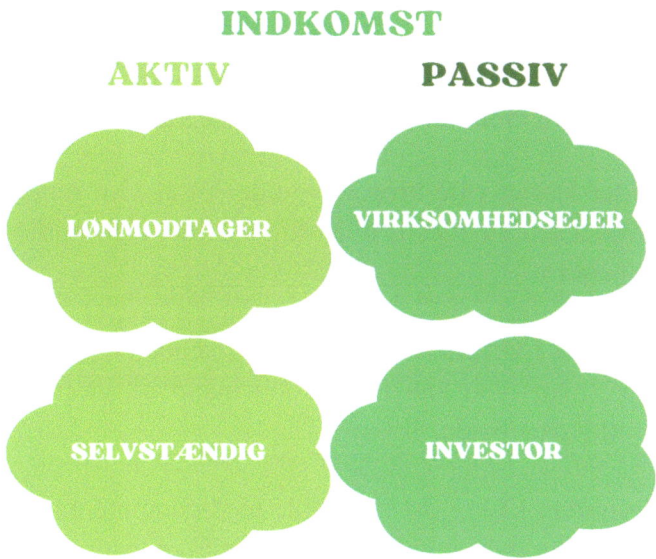

Figur 7 -Aktiv eller passiv indkomst

Aktiv indkomst

Aktiv indkomst betyder, at du skal bytte din tid med penge. Altså at du tjener penge gennem aktivt arbejde. Det kræver en konstant indsats og tilstedeværelse. Aktiv indkomst er som regel den primære indkomstkilde for de fleste mennesker. Der er typisk to hovedformer for aktiv indkomst.

- **Lønmodtager:** Den mest almindelige form for aktiv indkomst. Du får betaling for de timer, du arbejder, eller for den opgave, du udfører.

- **Selvstændig/freelance:** Betaling for specifikke projekter eller opgaver, som kræver din direkte indsats. Hvis du er selvstændig, så arbejder du i din egen virksomhed og tjener penge fra dette arbejde.

Mine råd til at tjene ekstra aktiv indkomst

★ **Bud:** Flere virksomheder har behov for personer, der kan levere varer (f.eks. supermarkeder eller madudbringning). Hvis du kan lide at få lidt ekstra motion i benene, kan dette være en mulighed.

★ **Turguide:** Der er ofte brug for guider til at vise rundt i bygninger eller byer. Dette er ideelt, hvis du kan lide at formidle historier og viden til andre.

★ **Handymand / kvinde:** Har du skruet hænderne godt på? Så findes der apps, hvor man kan tilbyde sin hjælp til alt fra opsætning af møbler til havearbejde.

★ **Webdesigner:** Elsker du at arbejde med computere, og er du god til at opsætte hjemmesider? Så kunne det måske være noget for dig.

★ **Webshop:** Er du god til at strikke sokker eller lave papirklip? Så kan du sælge det på nettet via din egen webshop.

★ **Foodtruck:** Elsker du at lave mad? Du må gerne lave mad til arrangementer op til ti gange om året (maks. 30 dage) uden at skulle godkendes af Fødevarestyrelsen.

★ **Samkørsel:** Kører du ofte i din bil rundt i Danmark? Tag nogle passagerer med. Udover at tjene penge, får du også selskab på turen.

★ **Underviser:** Hvis du godt kan lide at lære fra dig, kan du blive tutor/lektiehjælper og tjene penge på at gøre børn og unge dygtigere i dit fagområde.

★ **Spørgeskema:** Flere analysefirmaer giver penge eller gavekort for besvarelse af spørgeskemaer.

★ **Vikar:** Der findes en række vikarbureauer, hvor du kan få ekstra arbejdstimer inden for dit fagområde, uanset om det drejer sig om kontorjobs eller sundhedspleje.

Passiv indkomst

For at opnå de højeste niveauer af økonomisk frihed kræver det passiv indkomst. Du vil aldrig få opbygget en stor formue, så længe du bytter din tid med penge ved at arbejde (det kræver i hvert fald et godt lønnet job). Passiv indkomst er penge, du tjener med en minimal indsats og vedligeholdelse efter du har sat den op. Det genereres typisk fra investeringer eller forretningsmodeller, der ikke kræver din tilstedeværelse.

- **Investeringer**: Udbytte/afkast fra aktier, renter fra obligationer eller indtægter fra andre finansielle investeringer. Eksempler på det kan være lejeindtægter fra ejendomme som du ejer.

- **Virksomhedsejer eller 'automatisk' forretning**: Opbyg en virksomhed, som ikke kræver at du dagligt skal drifte den. For eksempel kan du være ejer af en restaurant, men har en bestyrer til at tage sig af den daglige drift. En anden måde er at tjene penge på udgivelse af bøger, musik og andre kreative produkter. Det vil naturligvis kræve en arbejdsindsats i starten, men efterfølgende vil du få royalty løbende eller direkte betaling ved hvert salg. Det vigtigste ved disse virksomheder er, at de kan fungere uden din daglige involvering. Hermed kan de generere indkomst, selvom du ikke aktivt arbejder.

Mine råd til at tjene passiv indkomst

★ **Udbytteaktier:** Investering i aktier, der betaler udbytte, kan give dig en passiv indkomst. Udbyttet bliver udbetalt til aktionærerne, typisk kvartalsvis eller årligt.

★ **Investering i passive investeringsfonde**: Disse er fonde, der følger et bestemt marked, og som typisk kræver meget lidt vedligeholdelse, hvilket gør dem til en populær måde at generere passiv indkomst.

★ **Oprettelse af en YouTube-kanal**: Du kan opbygge en populær YouTube-kanal, så kan du tjene penge gennem reklamer, affiliate marketing og sponsorater.

★ **Udvikling af onlinekurser**: Hvis du har ekspertise inden for et bestemt område, kan du oprette og sælge onlinekurser. Når kurset er online, kan du få passiv indkomst fra det.

★ **Skrive og sælge (e)bøger**: Har du viden eller færdigheder inden for et bestemt område, kan du skrive en bog og sælge den. Herved kan den generere passiv indkomst fra bogen fremover.

★ **Udlejning af værktøj**: Ejer du udstyr eller værktøj, som andre har brug for, kan du udleje det. Det kan f.eks. gøres via *lendnow.dk*. Dette er dog ikke en fuldstændig passiv indkomst, da du skal bruge tid på dem som lejer dine ting.

★ **App-udvikling**: Hvis du kan udvikle mobilapps eller software, kan du skabe en app og tjene penge på salg, annoncer eller in-app køb. Når appen er udviklet, kan den generere passiv indkomst.

★ **Udlejning af parkeringsplads**: Ejer du en parkeringsplads i et område med høj efterspørgsel, kan du leje den ud.

★ **Airbnb**: Hvis du har ekstra plads i dit hjem, eller en ejendom, du ikke selv bruger, kan du leje den ud på Airbnb. Selvom dette kræver dog lidt vedligeholdelse og rengøring.

★ **Udlejning af din bil**: På onlineplatforme som gomore.dk kan du udleje din bil, når du ikke bruger den. Det kræver dog løbende klargøring af bilen, så helt passiv er denne indkomst ikke.

De fleste, der stræber efter økonomisk frihed, starter med at lægge en plan for at opbygge en formue, inden de kan begynde at skabe passiv indkomst. Dette kræver en aktiv indsats, hvilket i første omgang betyder, at du skal opbygge en karriere med en god løn. Det kan opnås gennem videre-uddannelse eller ved at tage nye arbejdsopgaver på sig. Samtidig kan du overveje at starte din egen deltidsvirksomhed.

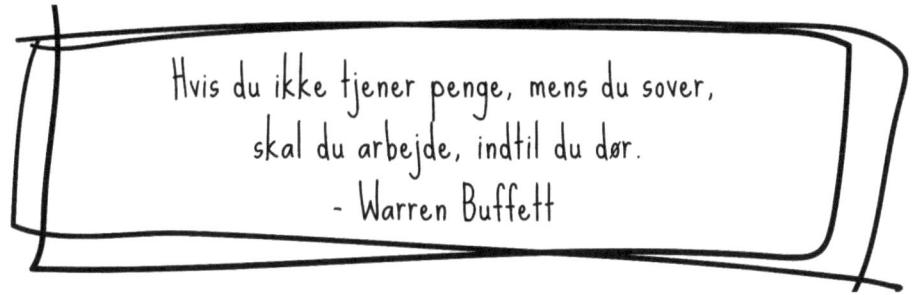

Hvis du ikke tjener penge, mens du sover, skal du arbejde, indtil du dør.
- Warren Buffett

Når du har en stabil aktiv indkomst, er det essentielt at begynde at opbygge aktiver, som kan give passiv indkomst. Jeg anbefaler at automatisere din opsparing ved at 'betale dig selv først'. Det indebærer, at du hver måned overfører et fast beløb i dit budget til opsparing eller investering. For at sikre at dette sker, anbefaler jeg at du opsætter en automatisk overførsel, så pengene straks fjernes fra din lønkonto og indsættes på en opsparingskonto eller en aktiesparekonto.

Hvad er dit behov?

Har du behov for at nå det øverste niveau i økonomisk frihed? Når jeg overvejer mine egne behov, finder jeg ofte inspiration i Maslows behovspyramide, som ses i *figur 8*. Abraham Maslow, en anerkendt amerikansk psykolog, udviklede denne model, som beskriver de forskellige lag af menneskelige behov. Modellen starter ved de grundlæggende fysiske behov, og når disse er opfyldt, bevæger man sig videre til behovet for tryghed, og så fremdeles.

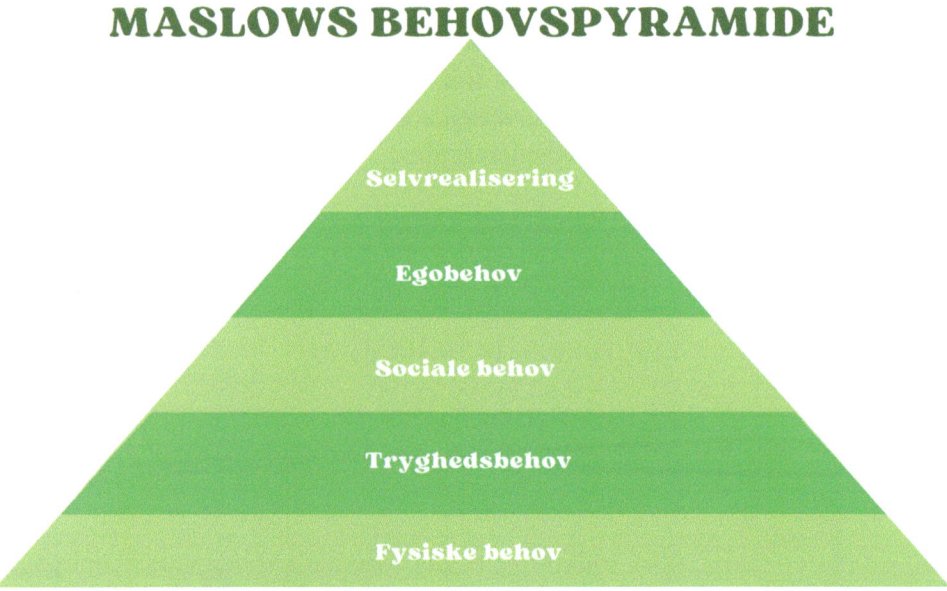

Figur 8 - Maslows Behovspyramide

Fysiske behov: Dette er de mest grundlæggende behov, der er nødvendige for overlevelse, såsom mad, vand, luft, søvn og basal kropslig sundhed.

Tryghedsbehov: Efter de fysiske behov er dækket, kommer behovet for tryghed. Dette omfatter fysisk sikkerhed, stabilitet, beskyttelse og tryghed i ens omgivelser.

Sociale behov: Når de fysiske og tryghedsbehovene er opfyldt, bliver sociale behov vigtige. Dette inkluderer behov for venskab, kærlighed, familie, intimitet og at være en del af en gruppe eller et fællesskab.

Egobehov: Dette behov handler om behovet for selvrespekt og anerkendelse fra andre. Det inkluderer selvværd, selvtillid, præstation, anerkendelse, status og respekt fra andre.

Selvrealisering: Øverst i pyramiden er behovet for selvrealisering, som er ønsket om at opfylde ens potentiale og finde personlig vækst. Det kan omfatte kreativ udfoldelse, personlig udvikling, læring, selvforståelse og realisering af egne mål / drømme.

De fleste mennesker i Danmark befinder sig højt oppe i Maslows behovspyramide og bruger store summer på kurser, nye ting eller større boliger. Jeg ser ofte folk køber et større hus, selvom deres nuværende hjem allerede dækker alle deres behov. Måske får de en vinkælder i det nye hus – som selvfølgelig skal fyldes med eksklusive vine.

Men hvornår er nok egentlig nok? Før du investerer i et nyt hus, en ny bil eller den nyeste mobiltelefon, så stop op og spørg dig selv: Har jeg reelt behov for mere?

Det samme gælder din økonomi. Når først din 'pengemaskine' kører effektivt, hvornår har du så penge nok? Et solidt økonomisk fundament er vigtigt, men et hus består af mere end fundamentet. Det rummer også vægge, køkken, stue og de rum, hvor livet leves. Penge er et værktøj, ikke et mål i sig selv. Det handler om at bruge dem på en måde, der understøtter dit liv – og ikke bare forbruge for forbrugets skyld.

Minimalisme

Når du kender dine behov, kan du fokusere på at få skabt en mere minimalistisk livsstil, hvor du undgår unødvendigt forbrug. Du bør overveje hver gang man køber én ting, om denne ting faktisk bidrager positivt til ens liv.

> De ting, du ejer, ender med at eje dig. Det er først efter du har mistet alt, at du er fri til at gøre hvad som helst.
> - Chuck Palahniu, 'Fight Club'

Positive elementer ved minimalisme

★ **Mental sundhed**: Ved at reducere antallet af ting og distraktioner i dit liv, skaber du plads til at fokusere på det, der virkelig betyder noget, hvilket kan føre til øget mental sundhed og mindre stress.

★ **Økonomisk frihed**: Minimalisme kan hjælpe dig med at spare penge, da du ikke længere føler behov for at købe unødvendige ting. Dette kan føre til større økonomisk stabilitet og frihed.

★ **Tid**: Når du har færre ejendele, bruger du mindre tid på at organisere, rengøre og vedligeholde dem. Dette giver dig mere tid til at forfølge dine passioner, relationer og oplevelser, der giver mening for dig.

★ **Miljøpåvirkning**: Minimalisme opmuntrer til at forbruge mindre, hvilket kan reducere dit miljømæssige fodaftryk. Mindre forbrug betyder mindre affald og mindre ressourceforbrug, hvilket er godt for miljøet.

★ **Større glæde**: Når du ejer færre ting, har de ting, du vælger at beholde, ofte større betydning. Dette kan føre til en dybere værdsættelse af dine ejendele og en større glæde ved dem.

★ **Værdi i oplevelser**: Minimalisme fremmer værdien af oplevelser over materielle ejendele, hvilket kan føre til et rigere og mere meningsfuldt liv fyldt med minder og oplevelser, snarere end ting.

★ **Mindre rod**: Et minimalistisk liv reducerer fysisk rod, hvilket også kan reducere følelsesmæssigt rod. Et rent og organiseret hjem kan føre til en følelse af ro og velvære.

★ **Forbedrede relationer**: Ved at fokusere mindre på materielle ting og mere på mennesker, kan minimalisme styrke dine relationer. Du kan bruge mere tid og energi på de mennesker, der betyder mest for dig.

★ **Frihed til at bevæge sig**: Med færre ejendele er det lettere at flytte, rejse eller foretage livsændringer uden at føle dig bundet af dine ting. Dette kan give en følelse af frihed og fleksibilitet i livet.

★ **Større selvbevidsthed**: Minimalisme kræver, at du overvejer, hvad der virkelig betyder noget for dig. Denne refleksion kan føre til større selvbevidsthed og en dybere forståelse af dine værdier og mål i livet.

Hvad giver dig værdi?

Du bør overveje, hvad der virkelig giver dig værdi i tilværelsen. Det kan være materielle ting, men især immaterielle aspekter som tid og relationer. For mig er det for eksempel meget værdifuldt at kunne vågne langsomt om morgenen, og have tid i løbet af dagen til at gå en tur eller tage en middagslur. Det giver mig stor glæde at kunne tage tingene i mit eget tempo uden stress. Jeg sætter også pris på gode leveforhold, som at have et uderum, hvor jeg kan nyde vejret. Om aftenen nyder jeg at se lidt tv. Selvom jeg ikke lever meget minimalistisk, er jeg bevidst om, hvad der giver mig værdi.

Derfor vil jeg opfordre dig til at tænke over, hvad der virkelig beriger dit liv. Giver det værdi at have en stor bil eller et klædeskab fyldt med tøj? Måske behøver du ikke at eje en bil, og du har sikkert nok tøj til flere år. Generelt tror jeg på, at 'less is more'. Det betyder, at hvis der er ting i dit hjem eller liv, der ikke giver dig værdi, bør du overveje at skille dig af med dem. Jeg vil gerne hjælpe dig i gang med processen og har en let model med seks trin til at leve minimalistisk:

1. **Start småt:** Begynd med et lille område, som et skab eller en skuffe. Dette gør processen mindre overvældende.

2. **Sorteringsmetode:** Brug 'Behold, donér, sælg' metoden. Hver genstand skal placeres i en af disse tre kategorier.

3. **Kategorisering:** Ryd op efter kategorier, ikke steder. For eksempel, gå igennem alt tøj først, derefter bøger, osv.

4. **Én ting ind betyder én ting ud:** For hver ny genstand, du bringer ind i dit hjem, fjern en gammel genstand.

5. **Regelmæssig gennemgang:** Planlæg tid i din kalender regelmæssigt at gennemgå dine ejendele og vurdere, om de stadig tilføjer værdi.

6. **Investér:** Når du sælger nogle ting, så sæt pengene til at arbejde ved at investere dem. Dette vil hjælpe med at opbygge din formue hurtigere.

Det at få ryddet op i sine ting kan både give luft i hjemmet men også i hovedet. Jeg synes selv at oprydningsprocessen kan være terapeutisk, og medvirke til at man får mere mental energi og overskud til andre ting i livet.

Brug downsizing til minimalisme

Når du har ryddet ud i de ting, der fylder i dit hjem, kan du overveje at flytte til en mindre bolig. Boligudgifter udgør ofte den største post i budgettet, og her ligger der en betydelig mulighed for at reducere udgifterne. Nogle mennesker vælger at gå til yderligheder og køber et *tiny house*, et hjem på blot 20-30 kvadratmeter, hvilket naturligvis ikke giver meget plads til mange ejendele. En mindre drastisk løsning kan dog også gøre en stor forskel.

For eksempel koster en kvadratmeter bolig i København omkring 60.000 kroner, mens prisen i Aarhus ligger på omkring 36.000 kroner. Disse priser er fra 2024, og boligeksperter forventer, at de stiger med 3-4 % om året i de kommende år. Der er derfor mange penge at spare ved at bo på mindre plads. Dog skal du være opmærksom på, at det kan være dyrt at flytte. Inden du træffer beslutningen om at flytte til en mindre bolig, kan det være en god idé at undersøge de forskellige boligformer, som jeg vil gennemgå i næste kapitel.

Gør, hvad du skal gøre,

og nyd livet, mens det sker.

–John Scalzi

8. Valg af boligform

Det er en stor stressfaktor at være usikker på sin boligsituation. En væsentlig del af indkomsten bruges ofte på bolig. I større byer kan op til to tredjedele af den disponible indkomst gå til boligudgifter, mens det i andre dele af landet typisk er betydeligt mindre. I dette kapitel vil jeg gennemgå de tre mest almindelige boligformer samt deres fordele og ulemper.

Lejebolig

De fleste mennesker starter med en lejebolig, da det er nemmere og som regel kræver færre penge i starten. Der kan desuden være økonomiske fordele ved at bo til leje, såsom mulighed for boligsikring fra kommunen, lån til indskud/depositum samt lavere vedligeholdelsesomkostninger (udlejeren står normalt for større reparationer og vedligeholdelse). Desuden giver en lejebolig større fleksibilitet, da det som regel blot kræver, at man opsiger lejemålet med et varsel på tre måneder. Som lejer har man desuden ingen økonomisk risiko, hvis ejendomsmarkedet falder i værdi.

Som hovedregel skal huslejens pris stemme overens med lejemålets værdi. Har du mistanke om, at du betaler for meget i husleje, kan du indbringe spørgsmålet for huslejenævnet.

Selvom der er fordelene ved at leje, så er der også ulemper. Når man betaler husleje, opbygger man ikke opsparing, da pengene i huslejen ikke kommer tilbage. Derudover er der normalt årlige huslejestigninger, som lejer skal være opmærksom på. Ifølge lejekontrakten kan udlejer som regel kun hæve lejen med *nettoprisindekset*, hvilket betyder, at lejen skal følge den generelle prisudvikling. Hvis du er i tvivl om, hvorvidt huslejen er for høj, kan du søge rådgivning fra Lejernes Landsorganisation. Hvis de vurderer, at huslejen er for høj, kan de hjælpe med at få den sænket med tilbagevirkende kraft. Desuden skal du være opmærksom på, at det normalt ikke er tilladt at ændre eller forbedre boligen uden at aftale det med ejeren.

Andelsbolig

En andelsbolig er en mellemting mellem en leje- og ejerbolig. Når du køber en andelsbolig, ejer du en andel af ejendommen, og andelsboliger er generelt billigere at købe end ejerboliger. Det er vigtigt at være opmærksom på, hvilke forbedringer der er angivet i købsaftalen, da disse skal godkendes af andelsforeningen. Du kan altid forhandle prisen, men der er maksimalpriser for, hvad sælger må tage for sin andelsbolig.

Ulempen ved en andelsbolig er, at beslutninger om vedligeholdelse og den overordnede økonomi for ejendommen træffes af andelsforeningen. Nogle foreninger har optaget ugunstige lån optaget over tid. Før du køber en andelsbolig, er det derfor vigtigt at gennemgå foreningens regnskaber, så du undgår at stå med en usælgelig bolig.

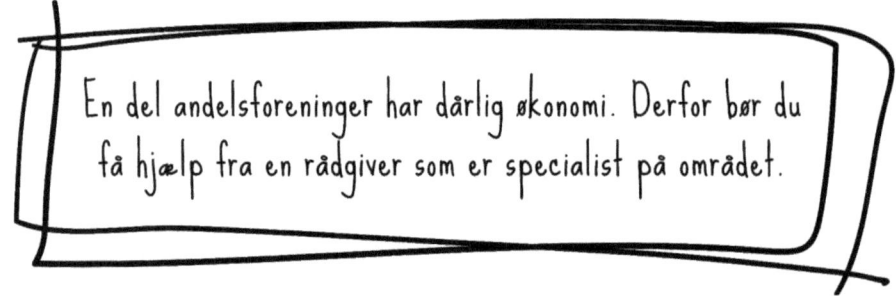

En del andelsforeninger har dårlig økonomi. Derfor bør du få hjælp fra en rådgiver som er specialist på området.

Bemærk at du som andelshaver ikke kan optage realkreditlån til finansiering af din bolig. I stedet skal du ansøge om et andelsboliglån i banken, hvilket ofte medfører en højere rente. Det er vigtigt at være opmærksom på, at bankerne kan tilbyde meget forskellige renter på andelsboliglån, så det er en god idé at indhente tilbud fra flere banker. Efter køb af en andelsbolig skal du betale en månedlig leje eller afgift til andelsforeningen. Vær også opmærksom på, at dette beløb kan variere betydeligt fra forening til forening.

Ejerbolig

Det er populært at købe en ejerbolig. Omkring 60% af befolkningen i Danmark bor i en ejerbolig. Rent økonomisk kan der også være fordele ved at eje sin bolig. Man siger ofte, at der 'spares op i mursten'. Selvom det ofte kan give en fremtidig økonomisk gevinst at købe en ejerbolig, er der også mange udgifter og risici forbundet med det. Ejendomsmarkedet kan være uforudsigeligt, og da de færreste mennesker har alle pengene til at købe en bolig, kræver det normalt, at man optager et lån. Afhængig af ens risikovillighed kan man vælge mellem variable eller fastforrentede lån. Det ses i *figur 9* hvorledes man normalt finansierer en ejerbolig.

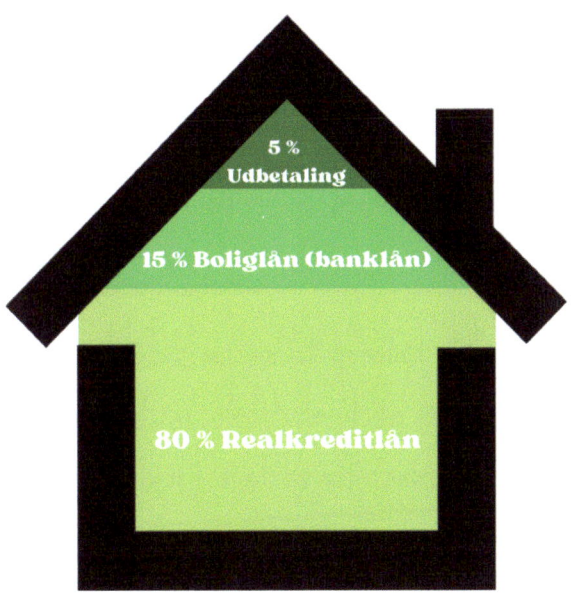

Figur 9 - Finansiering af ejerbolig

Hvis du gerne vil undgå usikkerheden ved, at den månedlige ydelse på dit lån kan stige, kan det være en fordel at vælge et fastforrentet lån. Vær dog opmærksom på, at dette sandsynligvis har en højere rente og dermed vil være dyrere over en længere periode. Når man handler med ejerboliger, er der betydelige omkostninger til ejendomsmægler, tinglysning og optagelse af lån. Derfor anbefaler jeg, at man bor i huset i en længere periode, helst mere end fem år.

Udover renten på lånet betaler du også en *bidragssats*. Bidragssatsen er et gebyr, som realkreditinstitutterne opkræver for deres risiko og administration af lånet. Denne sats varierer alt efter, hvilket realkreditinstitut man vælger til sit boliglån. Størrelsen af bidragssatsen afhænger af, hvor stor del af boligværdien man skal låne for at købe boligen, hvilket kaldes belåningsgraden. En høj belåningsgrad medfører en højere bidragssats. Lån med afdragsfrihed har også højere bidragssatser.

Når banken skal godkende en person til et boligkøb, vil de bruge et nøgletal som hedder *gældsfaktor*. Gældsfaktoren bruges til at vurdere en persons økonomiske situation. Det angiver forholdet mellem en persons samlede gæld og den årlige bruttoindkomst (indkomst før skat). For eksempel, hvis en person har en samlet gæld på én million kroner og en årlig bruttoindkomst på 400.000 kroner, vil gældsfaktoren være 2,5.

Normalt vil banker låne op til en gældsfaktor på omkring 4. Det betyder altså at du skal have en bruttoindkomst på 250.000 kroner for at låne 1 million kroner.

Det er for de fleste personer den største økonomiske investering i livet at købe en bolig, derfor anbefaler jeg også at man benytter en boligadvokat og eventuelt en byggesagkyndig. For det kan blive dyrt hvis man køber den 'forkerte' bolig.

Mine råd til din boligjagt

★ **Beliggenhed:** De fleste har nok hørt, at beliggenheden er afgørende. Det betyder, at man skal være opmærksom på fremtidige forventninger til ejendomsmarkedet i det pågældende område. Der er områder, hvor ejendomsværdierne stiger, men også områder, hvor det kan blive svært at sælge sin bolig i fremtiden.

★ **Prisen pr. kvm:** Når man vurderer en bolig, ser man ofte på prisen pr. kvadratmeter, et nøgletal, der vil variere afhængigt af boligens stand. Er den ny eller trænger den til renovering? Antal badeværelser og f.eks. en kælder kan også påvirke prisen. Undersøg gennemsnitsprisen pr. kvadratmeter i området, og brug den som sammenligningsgrundlag for boligen, du kigger på.

★ **Opvarmning og energimærke:** Det er ret vigtigt at se på om boligen er billig eller dyr i opvarmning. Her kan man se på energimærke, det er en skala fra A til G, hvor A er bedst. Hvis der f.eks. bliver opvarmet med el, vil det have et dårligt energimærke og medfører en høj varmeregning. I det tilfælde bør du finde ud af, hvad det vil koste at etablere en billigere opvarmningsform.

★ **Ejerudgifter:** Disse kan være meget forskellige fra bolig til bolig. Opgørelsen vil indeholde ejendomsværdiskat, ejendomsforsikring, ejerforening, tvungne udgifter f.eks. renovation, rottebekæmpelse og skorstensfejning. Desuden kan der også være gæld fra fælles byggeprojekter. Det kan f.eks. være fordi man i en etageejendom har fået lagt et nyt tag, og der i den forbindelse er optaget et fælleslån.

★ **Inventar:** Som regel overtager man ikke andet inventar end hårde hvidevarer og ting, der er *nagelfaste*, altså en integreret del af boligen. Men der er ofte mulighed for at overtage mere, hvilket man altid kan aftale. Det kan for eksempel være, at gardinerne er tilpasset vinduerne, eller at der er mange haveredskaber i skuret. Husk at få sådanne aftaler indskrevet i købsaftalen, så det tydeligt fremgår, hvad der overtages sammen med boligen.

★ **Servitutter:** En servitut er en begrænsning for boligejeren og kaldes også en indskrænkning i råderetten over ejendommen. Det kan for eksempel være, at man ikke må holde hunde, eller at bygningen må have en maksimal højde. Normalt vil ejendomsmægleren informere, hvis der er servitutter på ejendommen.

★ **Lokalplaner:** Kommunerne fastlægger i lokalplaner, hvordan et bestemt område skal anvendes og udvikles. Derfor vil det være af interesse at undersøge om man f.eks. kan risikere at blive nabo til en stor boligblok eller en ny skole.

★ **Tilstandsrapport:** Ved huskøb er der normalt udarbejdet en tilstandsrapport, dette er ikke lovpligtigt. Men som sælger vil man gerne fraskrive sig det 10-årige ansvar for fejl og mangler ved bygningen som er skjulte. Fordelen for køber er at man kan få en ejerskifteforsikring og dermed en forsikring mod skjulte skader i boligen. Dog kan man normalt ikke få en tilstandsrapport hvis det handler om køb af en lejlighed.

Har du allerede en ejerbolig?

Hvis du allerede har en ejerbolig, er der metoder til at optimere din økonomi ved at bruge friværdien, som jeg vil gennemgå herunder.

Brug friværdien

Jeg bruger *gearing* og har for eksempel lånt penge i min bolig til 3 % rente om året, som jeg investerer i aktiemarkedet *(læs kapitel 9)*, her opnår jeg et væsentligt højere afkast end de 3 %. Naturligvis kan jeg ikke være sikker på, at dette vil ske hvert år. Men jeg forventer at denne metode vil give mig en positiv gevinst over tid. Gearing kan dermed være en effektiv metode til at øge afkastet på investeringer, men det kræver omhyggelig planlægning og risikostyring. Det er essentielt at forstå både de potentielle fordele og de risici, der er forbundet med at bruge lånte penge til investering. Desuden er vigtigt at du følger en struktureret tilgang og kontinuerligt overvåger dine investeringer, dermed kan du maksimere fordelene ved gearing og minimere risiciene.

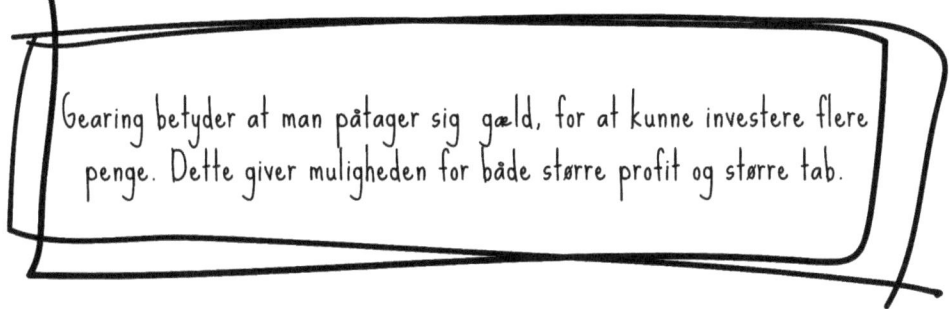

Gearing betyder at man påtager sig gæld, for at kunne investere flere penge. Dette giver muligheden for både større profit og større tab.

Refinansiering

Hvis du allerede har et realkreditlån, kan det være muligt at refinansiere det eksisterende lån for at opnå bedre vilkår, lavere rente eller ændre afdragsperioden. Det er vigtigt at følge med i udviklingen af renter og ejendomsvurderinger. Hvis du har et fastforrentet lån, og renten på dette lån afviger mere end 2-3 % fra de lån, der nu tilbydes, kan det være relevant at undersøge, om det kan betale sig at refinansiere sit lån. Vær dog opmærksom på, at der altid vil være store omkostninger forbundet med optagelsen af et nyt lån. Få gerne tilbud fra flere realkreditinstitutter, og hvis ejendomsværdien er steget, at bede om en ny vurdering af boligen, da dette kan resultere i en lavere bidragssats.

Skatteoptimering

Skattemæssigt kan der være fordele ved at eje en bolig. Du får fradrag for renteudgifterne (dette gælder generelt, hvis du har renteudgifter, uanset om det er boliglån eller et andet slags lån). Den største skattefordel ved ejerboliger er, at hvis boligen stiger i værdi, så er denne gevinst skattefri. Dette gælder dog kun, hvis du selv har boet i boligen, hvilket ofte kaldes 'parcelhusreglen'. Hvis du ikke har boet i boligen, vil gevinsten blive beskattet som ejendomsavance med 38-42 % i skat. Det er derfor vigtigt at have boet i boligen og kunne dokumentere dette for at opnå den skattefrie gevinst.

Din optimale boligform

Der er ingen entydig løsning på, hvad der er den optimale boligform. Det bedste valg afhænger af dine individuelle omstændigheder og præferencer. Her er nogle spørgsmål, du kan stille dig selv for at træffe en beslutning om, hvilken boligform der er bedst for dig:

- ★ Hvor længe planlægger du at bo i boligen?
- ★ Har du penge til udbetaling og vedligeholdelse?
- ★ Hvordan er ejendomsmarkedet i det pågældende område?
- ★ Foretrækker du fleksibiliteten ved at leje eller stabiliteten ved at eje?

Inden du køber eller lejer en bolig, er det vigtigt at huske, at det skal være et sted, hvor hele din familie trives. Økonomien spiller naturligvis en stor rolle, men hvis du køber en bolig, der ikke fungerer i dagligdagen, kan det blive dyrt både mentalt og økonomisk.

Big Mac og geografisk arbitrage

Har du hørt om Big Mac-indekset? Det blev oprindeligt skabt for sjov i 1986 af *The Economist* og er siden blevet regelmæssigt opdateret. I den seneste opdatering fra 2024 var den dyreste Big Mac i Schweiz, mens den billigste burger kunne købes i Taiwan. Danmark har den ottende dyreste Big Mac, lige over USA (lande med euro er samlet på en fjerdeplads).

Men hvordan relaterer Big Mac-indekset til din økonomi? For eksempel, hvis du bor i Taiwan, kan du for det samme beløb købe cirka 3,5 gange så mange Big Macs som i Schweiz. Dette indikerer, at leveomkostningerne i Taiwan er markant lavere end i Schweiz. Du skal derfor have en væsentligt større formue for at opretholde samme levestandard i Schweiz i forhold til Taiwan.

Selvom få danskere overvejer at flytte til Taiwan, vælger mange at bosætte sig i lande som Thailand eller Bali, hvor leveomkostningerne også er betydeligt lavere end i Danmark. Denne metode, hvor man udnytter forskelle i leveomkostninger, kaldes *geografisk arbitrage*, og det kan være en genvej til at opnå det niveau af økonomisk frihed, du ønsker.

Faktisk kan du også opnå økonomiske fordele ved blot at flytte fra en dyr landsdel til en billigere landsdel i Danmark, da boligudgifterne varierer betydeligt, selv inden for vores lille land.

Renter er verdens ottende vidunder.

Den, der forstår det, tjener godt på det.

- Albert Einstein

9. Nem investering

Hvis du har købt en ejerbolig, som nævnt i det forrige kapitel, har du automatisk foretaget en investering. Forhåbentlig ligger boligen i et eftertragtet område, og den vil blive mere værdifuld over tid. Det er ikke usædvanligt, at ejendomme fordobler deres værdi i løbet af 15- 20 år. Dog kan man ikke 'spise mursten', så for at realisere denne værditilvækst kræver det enten optagelse af lån i friværdien eller salg af boligen. Vær desuden opmærksom på, at selvom boliger i et område er steget meget i værdi, er det ikke ensbetydende med, at denne tendens vil fortsætte..

Hvis du ikke ejer en bolig, eller hvis du ønsker at investere på en mere omsættelig måde, vil jeg klart anbefale at investere i værdipapirer. For at minimere handelsomkostningerne og få det bedste udvalg af investerings-produkter, anbefaler jeg at benytte investeringsbanker som *Saxo Bank* eller *Nordnet*. Du er ikke bundet til at bruge din egen bank, og det er efterhånden almindeligt at have flere bankforbindelser.

Husk, at banker er forretninger, der ønsker at sælge deres egne produkter, og det er ikke altid i din interesse. Derfor vil jeg altid anbefale, at du sætter dig ind i de grundlæggende principper for investering, så du kan træffe informerede beslutninger. Undgå at lytte for meget til venner, sociale medier og hvad der er oppe i nyhederne, det kan ofte føre til impulsive beslutninger.

En advarsel: På internettet, især på sociale medier, er der mange svindlere, der lover 'hurtige penge' gennem *daytrading* eller *kryptovaluta*. Disse svindlere opfordrer ofte folk til at indbetale penge på udenlandske investeringsplatforme. Svindlerne får typisk betaling fra platformen for at skaffe kunder, hvilket gør det til en form for pyramidespil. I starten kan du måske opleve at få nogle penge fra dine investeringer, men snart vil du blive presset til at investere endnu flere penge, som du muligvis aldrig vil se igen.

Jeg råder alle til kun at benytte banker eller investeringsplatforme, der er registreret i Danmark og dermed underlagt dansk lovgivning. Dette valg gør det også nemmere i forhold til skat, da danske banker automatisk indberetter gevinster og tab til dem. Hvis du vælger en udenlandsk platform, vil du selv være ansvarlig for at indberette dette til de danske skattemyndigheder.

Aktiesparekonto

Når du investerer i aktier, så anbefaler jeg at du får oprettet en aktiesparekonto, da der kun er en lav beskatning på 17%. Dette er dog den form for skat, som man kalder for lagerbeskatning. Det betyder at du efter hvert årsskifte skal betale skat af den gevinst som aktierne har givet, også selvom du ikke har solgt dem. Hvis du tidligere haft tab med værdipapirer på aktiesparekontoen, bliver dette tab fratrukket gevinsten således at du betaler mindre i skat. Der er dog et loft på hvor mange penge du kan indsætte på en aktiesparekonto, dette loft er i 2025 på 166.200 kroner.

> En aktie er et værdipapir, der beviser, at du ejer en andel af et selskab. Når du køber en aktie, køber du med andre ord en lille del af selskabet

Aldersopsparing

Du kan også spare op i værdipapirer via en aldersopsparing, her er beskatningen nemlig kun 15,3 %. Dog er der også begrænsninger for hvor meget du kan indsætte, det afhænger af hvor tæt du er på din pensionsalder. I 2025 er beløbet på 9.400 kroner eller 61.200 kroner pr. år. Dette afhænger, om der er 7 år eller derunder, til din folkepensionsalder.

Investeringsfond

Når jeg skriver at du skal investere i aktier eller værdipapirer, så mener jeg faktisk at det bør ske via en global investeringsfond. Grunden til dette er, at de fleste private investorer ikke kan vælge de 'rigtige' aktier, og dermed ender med et afkast som er mindre end markedsafkastet. Jeg anbefaler derfor at benytte en passiv investeringsfond eller en Exchange Traded Fund (ETF) som lægger sig op af MSCI World aktieindekset. Det har historisk givet et afkast på 7 - 8% om året, og man er således investeret i aktier fra hele verden. Dette minimerer risikoen, som man ellers vil have ved at investere i enkeltaktier.

Brug SMART mål

Som hjælp til at opnå dine økonomiske mål, vil jeg anbefale at du bruger *SMART mål* som ses i *figur 10*. Det kan hjælpe dig til at holde fokus og hjælpe med at du får opnået dit mål. Du kan herunder se et eksempel på hvorledes man kan bruge SMART mål, og det er muligt at opstille flere mål med forskellige tidshorisonter.

Figur 10 - SMART mål

Specifikt: Hvad er det helt præcis, du vil opnå? Så formulér et konkret og specifikt mål, som ingen er i tvivl om, hvad betyder.
Eksempel: Jeg vil gerne have opbygget et økonomisk fundament.

Målbart: Hvornår er du i mål? Hvad er der helt præcis sket, før du kan sige, at nu er du i mål?
Eksempel: I min F... U konto skal jeg have en formue på 100.000 kroner.

Attraktivt: Hvorfor gider du at kæmpe for at nå målet? Hvad gør, at du vil anstrenge dig for at nå målet?
Eksempel: Jeg vil gerne undgå økonomisk stress i mit liv.

Realistisk: Har du de ressourcer, der skal til, for at nå målet? Du skal ikke sætte et overambitiøst og urealistisk mål.
Eksempel: Jeg udarbejder et budget og overfører 3.000 kroner hver måned til min F... U konto.

Tidsbestemt: Hvornår er din deadline? Når du har sat gode mål, vil du være motiveret og arbejde på målet hele vejen mod deadline.
Eksempel: Min opsparing på 100.000 kroner skal være opnået inden for tre år.

Du kan naturligvis anvende SMART mål til andet end blot at opstille økonomiske mål. Det kan være du gerne vil i bedre kondi, og dermed kan du opstille mål omkring hvor mange gange du skal løbe. Jeg kan desuden anbefale at kombinere SMART mål med vision boardet, som bliver gennemgået sidst i kapitel 10.

I sidste ende er det ikke årene i dit liv, der tæller. Det er livet i dine år.

– Abraham Lincoln

10. Faser i livet

Vi skal alle dø på et tidspunkt, ligegyldigt hvor rig du er. Derfor tænker jeg også over, at det ikke giver mening at opbygge en kæmpe formue. Penge har jo kun værdi, mens man kan bruge dem. Nogle af mine venner siger, at deres børn skal arve hele formuen. Men tænk, hvis du f.eks. dør som 85-årig, og du fik dine børn, da du var midt i 20'erne, så er de altså omkring 60 år, når du dør. Forhåbentlig har de været fornuftige med deres penge, og så bør de ikke mangle noget på det tidspunkt.

Undersøgelser viser, at folk er mest velhavende, lige før de går på pension. Jeg vil argumentere for, at du ikke skal have en opsparing, der er for stor. Du skal bruge pengene på de tidspunkter i livet, hvor du får mest værdi ud af dem. Et eksempel på dette kan være, at du i ungdommen gerne vil ud at rejse og være backpacker. Selvom det koster penge, er jeg sikker på, at det vil give oplevelser for livet, som er mere værd, end de penge du har betalt for at komme på rejsen. Jeg har inddelt livet i seks faser med forskellig indkomst og forbrug.

Studielivet

Indkomst

Typisk lav, ofte baseret på SU, studielån og studiejob.

Forbrug

Primært fokuseret på basisbehov som mad, transport, bolig og uddannelsesudgifter.

Start på karrieren

Indkomst

Stigende, men stadig moderat. Ofte baseret på indledende jobindkomst eller startløn.

Forbrug

Basisbehov, transport, og begyndende opsparing eller investeringer.

Første barn

Indkomst

Stigende, med stabil lønindkomst samt indkomst fra en partner.

Forbrug

Boligudvidelse, børnetøj/udstyr, barsel, sundhed samt opsparing til ferie og fornøjelser.

Fase 1 – Studielivet: Når du er ung så har man normalt ikke mange penge, men til gengæld har du meget energi og tid. Jeg kan huske, at jeg selv studerede i dagtimerne og efter den sidste undervisningstime tog jeg videre på job, og kom først hjem sent om aftenen. Dette gjorde jeg flere år, uden at jeg på nogen måde syntes det var hårdt. Jeg havde endda energi til at feste i weekenderne. Nu er jeg i 40'erne og kan godt mærke at energiniveauet ikke er lige så stort. Selvom at man som studerende ikke har stor økonomi, så vil jeg altid anbefale man har en opsparing. Den skal naturligvis ikke være stor, men blot så man kan klare uforudsete udgifter som f.eks. en større tandlægeregning eller en ny computer.

Mit råd: Husk du er ung og du skal nyde denne fase i livet. Du kan sagtens købe billigt ind af basisfødevarer og finde gode brugte / gratis ting på internettet eller på genbrugspladsen.

Fase 2 - Start på karrieren: Jeg kan huske at jeg var træt af at gå i skole, da jeg var færdig med min uddannelse i økonomi fra Copenhagen Business School. Jeg så frem til at skulle ud i en stor virksomhed og bruge alt det jeg havde lært indenfor økonomistyring. Det var også på det tidspunkt, at jeg begyndte at få en 'voksen' lønindkomst, derfor gik jeg ud og købte en andelslejlighed. Springet fra at være studerende til at få en fuldtidsløn, husker de fleste nok. Det er dog også i denne fase, at mange tillægger sig nogle dyre vaner og et højt forbrug.

Mit råd: Undgå livsstilsinflation og begynd at lave en opsparing som er starten på din egen 'pengemaskine'.

Fase 3 - Første barn: Jeg har ikke selv børn, men jeg kender mange, der er blevet forældre, og jeg ved, at det betyder et helt nyt liv for dem. Jeg har venner, som er flyttet ud af byen og ind i et hus. Nogle er blevet gift, hvilket jo også er fornuftigt med hensyn til børnene, hvis der skulle ske uforudsete ulykker i fremtiden. Eksperter har beregnet, at det i Danmark koster omkring én million kroner at opfostre et barn, indtil det fylder 18 år og dermed officielt er voksen.

Mit råd: Husk at babyen er ligeglad med om tøjet er arvet fra venner og familie eller købt i eksklusive butikker. En baby behøver ikke sit eget værelse de første par år i livet, det vigtigste er nærværet fra forældrene.

Familie-udvidelse

Indkomst
Stadig stigende, men som regel lidt mere stabiliseret.

Forbrug
Boligudvidelse, øget transportudgifter, yderligere børnetøj/udstyr, opsparing til pension.

Senior-karrieren

Indkomst
Stabil, ofte høj, med færre familie forpligtigelser og mindre ansvar.

Forbrug
Rejser, hobbyer, sundhed/ medicin, pensionsopsparing og evt. mindre bolig.

Pensionering

Indkomst
Pensionsudbetaling, overførselsindkomst og evt. lidt lønindkomst.

Forbrug
Reduceret, med fokus på sundhed/medicin, rejser og livskvalitet.

Fase 4 – Familieudvidelse: Børnefamilier har tit en økonomi som er presset. De skal måske have en større bolig og en (ekstra) bil. Men man skal passe på med idéen om, at et perfekt familieliv kan skabes på baggrund af en række materialistiske ting. På amerikansk kaldes det at 'keep up with the Joneses'. Altså at man skal have et dyrt hus, to biler, designer møbler etc. Undersøgelser viser at man ikke bliver mere lykkelig af at eje mange ting, og græsset er ikke altid grønnere hos naboen.

Mit råd: Det vigtigste er at bruge tiden sammen med sin familie, og det betyder at man ikke nødvendigvis skal ud på lange rejser eller bruge penge på dyre fornøjelser. Faktisk er det sundt at vise ens børn, at man sagtens kan nyde hinandens samvær uden at det skal koste mange penge. Det kan f.eks. være at lave en picnickurv og tage i en nærliggende park.

Fase 5 – Seniorkarrieren: Når man er sidst i sin karriere, så er børnene blevet store og måske flyttet hjemmefra. Så behøves der ikke længere et stort hus, og forhåbentlig har man fundet ud af, hvad der giver værdi i ens liv. Det kan betyde, at man gerne vil flytte i en mindre bolig, hvilket medfører at man får mere økonomisk frihed. Det kan også være at man vil have mulighed for at gå ned i tid på jobbet eller man får en ny hobby.

Mit råd: Mærk efter hvad der er meningsfuldt for dig. Lav en status på pensionsordningen, og find ud af om der skal indbetales ekstra før du går på pension. Således at du kan have det liv du ønsker når karrieren er forbi.

Fase 6 – Pensionering: Nu er man ikke på arbejdsmarkedet mere, så er der mere tid til hobbyer og til at dyrke relationerne til familie og venner. Det betyder også, at der er behov for en økonomi, som kan bære det, som du ønsker i resten af livet. Det kan være at rejse, måske en båd eller noget helt tredje. På dette tidspunkt kan det også give mening at sælge sin bolig, og få realiseret formuen, der er opsparet i den. Der er mange eksempler på pensionister som er flyttet til områder i udlandet, hvor leveomkostningerne er lavere, men hvor de stadigvæk har en høj livskvalitet. De gør altså brug af *geografisk arbitrage*.

Mit råd: Husk der er ingen lommer i det sidste sæt tøj. Jeg ved godt mange gerne vil efterlade en arv til deres børn. Men hvorfor ikke i stedet bruge pengene på oplevelser med dine børn mens du endnu er i live? Det synes jeg er en bedre investering for dig og din familie.

Hvornår er man lykkeligst?

Undersøgelser viser, at vi er mindst lykkelige midt i livet. Småbørnsforældre stresser rundt og forsøger at leve op til et glansbillede. De prøver at balancere livet mellem karrieren og familien inden for døgnets 24 timer. Lige præcis denne udfordring skaber stress og pres, som får mange til at føle sig mindre lykkelige. Måske er de ikke direkte ulykkelige, men de føler helt sikkert, at de er utilstrækkelige i deres eget liv.

Jeg har selv haft perioder i mit liv, hvor jeg har haft autopiloten slået til og følt mig utilstrækkelig. Jeg troede, at det eneste rigtige var at kravle op af karrierestigen, og jeg skulle helst ende med en direktørpost.

Når vi tjener omkring 100.000 dollars om året, så giver flere penge ikke mere lykke.
- Zetland, 2023

Jeg nævnte i forordet, at jeg blev kørt ned for nogle år siden, og selvom jeg ikke fik påvist nogen skade på hjernen, blev jeg alligevel bevidst om min egen dødelighed. Den tid, jeg har på jorden, er kostbar og må ikke gå til spilde. Jeg besluttede derfor, at jeg skulle være mere lykkelig og tage mig selv mere seriøst. Hvis jeg skulle blive kørt ned igen eller komme ud for en anden ulykke, så skal jeg kunne se tilbage på mit liv og være tilfreds med, hvad jeg fik ud af det.

Undersøgelser viser, at folk over 60 år er de mest lykkelige. De har fundet ud af, hvordan de lever deres liv bedst, og de fleste har nok heller ikke en arbejdsgiver, der bestemmer over deres liv otte timer om dagen. Jeg tror ikke, man behøver at blive pensionist for at opnå denne indsigt og lykke. Det kræver dog, at man stopper op i livet – måske på en orlov eller en minipension – trækker stikket og finder ud af, hvad der egentlig har værdi i ens liv.

Den rigeste person på kirkegården

Mange mennesker tænker ikke over, at de måske allerede har nok formue. Der er jo som nævnt ikke nogen lommer i det sidste sæt tøj, så derfor er det en god øvelse, at man én gang om året når årsopgørelsen kommer, finder ud af hvor meget formue man egentlig har. I *figur 11* kan du se hvorledes du kan beregne din egen formue.

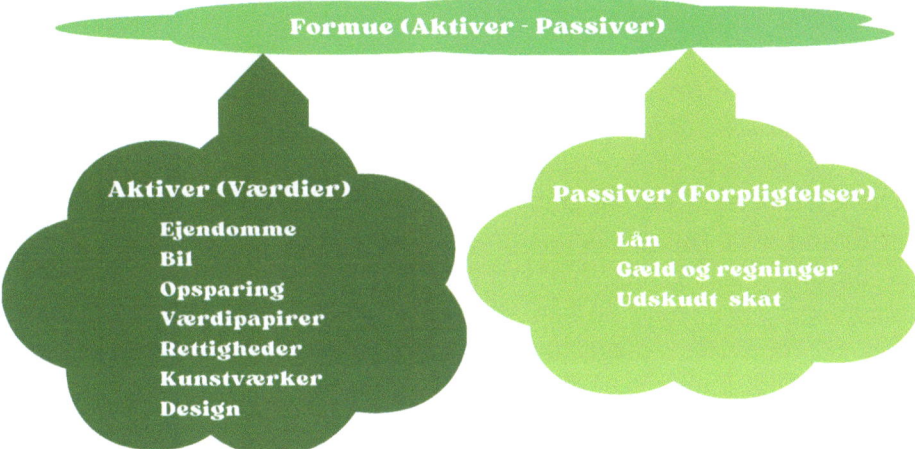

Figur 11 - Opgørelse af formue

Når du laver opgørelsen, er det vigtigt også at medtage ting, som ikke står på årsopgørelsen. Det kan være malerier, en møntsamling, designmøbler eller dyre vine. De fleste mennesker har en større formue, end de selv tror. Det er dog også vigtigt at fratrække alle de forpligtelser, du har. Hvis du har gæld i boligen eller bilen, skal det trækkes fra dine aktiver.

I 2024 har Arbejderbevægelsens Erhvervsråd opgjort, at gennemsnits-danskeren har en formue på cirka to millioner kroner. Denne formue er dog ujævnt fordelt, så den rigeste én procent i Danmark ejer over en fjerdedel af alle penge. Ikke overraskende er de rigeste personer i midten af 60'erne, altså et par år før de går på pension. Prøv at beregne, hvad dine livsmål koster. Det er vigtigt, at du husker, ikke at ende som den rigeste person på kirkegården, men at få brugt pengene, inden din sidste tur kommer dertil.

Visualiser fremtiden

Jeg elsker at filosofere over, hvad mit fremtidige liv skal indeholde, og det betyder, at jeg er bevidst om, hvilken økonomi denne fremtid vil kræve. Man kan jo heldigvis ikke planlægge alt. Jeg ved f.eks. ikke, om denne bog bliver en succes eller det modsatte. Jeg aner heller ikke, om der sker et børskrak, eller om der kommer en ny pandemi. Men jeg har altid én plan for, hvor jeg gerne vil hen i livet.

En metode, jeg har benyttet til at visualisere min fremtid, er at lave et vision board som det ses i *figur 12*. Du bruger et vision board til at fokusere på, hvordan du ønsker, at din fremtid bliver. Det handler ikke kun om det materielle, men også om dit personlige og følelsesmæssige liv. Der er ikke noget forkert eller rigtigt i denne proces. Det vigtigste er, at vision boardet giver mening for dig. Jeg har lavet et eksempel på mit vision board i programmet *Canva*, men du kan sagtens bruge et stykke karton og klippe billeder ud fra aviser / magasiner. Du skal placere dit vision board et sted, hvor du jævnligt kommer til at se det. På den måde vil din underbevidsthed hjælpe dig med at få det til at gå i opfyldelse.

Figur 12 -Vision Board

Efterskrift

Gennem denne håndbog har du fået værktøjerne til at skabe mere overskud, så du kan leve et liv med større frihed og mindre økonomisk stress. Hvilke værktøjer der virker bedst, varierer fra person til person, men jeg vil altid anbefale dig at skabe et solidt økonomisk overblik og på sigt opbygge en *F... U konto*. Denne konto giver dig friheden til at træffe beslutninger, der er rigtige for dig og din familie.

At skabe nye økonomiske vaner er en proces, der kan føles udfordrende. Der vil være perioder, hvor du måske føler, at du sparer og går på kompromis med nogle af livets gode ting uden straks at se de ønskede resultater. Det kan sammenlignes med en slankekur, hvor man træner og spiser sundt, men vægttabet lader vente på sig.

Her er det vigtigt at være vedholdende. En livsstilsændring kræver tid, motivation og lidt stædighed. Hold øje med de små fremskridt, der viser, at du er på vej mod dit mål.

Jeg ønsker dig en lærerig rejse mod økonomisk frihed og overskud til livet.

Tak

Jeg vil gerne takke Margit Aamand, Camilla Sjp og min kæreste - Ricky Kærsner, som har hjulpet med sparring omkring bogen. De har desuden givet moralsk støtte igennem min skriveproces og de har læst korrektur.

Om forfatteren

Sandy er uddannet erhvervsøkonom fra Copenhagen Business School og har arbejdet professionelt med økonomistyring siden 2007. Hun har rådgivet både store virksomheder og privatpersoner, hvilket giver hende en bred ekspertise inden for økonomi. Derudover afholder Sandy økonomi-workshops på skoler, da hun mener, det er afgørende, at unge mennesker lærer at forvalte deres egen økonomi og undgår økonomiske vanskeligheder.

Selvom Sandy har en stor interesse for penge og økonomi, er hun bevidst om, at det ikke gælder for alle. Mange mennesker oplever ubehag og stress, når de skal tale om økonomi, f.eks. med deres bankrådgiver. Sandy har selv mødt udfordringer, da hun fra barnsben stammede og havde svært ved sprogfagene. Gennem tiden har hun dog lært at overvinde sin frygt for at tale og ved derfor, at man kan udvikle sig og blive bedre til ting, man tidligere fandt udfordrende. Dette gælder også inden for penge og økonomi. Sandy tror på, at alle mennesker kan optimere deres økonomiske situation og dermed skabe et bedre samt friere liv for sig selv og deres familie.

Det er en passion for Sandy at hjælpe mennesker med at få overblik over deres økonomi og lære, hvordan de bedst udnytter deres penge. Hun er dygtig til at formidle sin viden om økonomiske værktøjer på en måde, der er brugbar for dem, der deltager i hendes foredrag eller modtager coaching. Ved at anvende disse værktøjer lærer de at optimere deres egen økonomi og blive bevidste om de forskellige økonomiske muligheder. Sandy brænder for at fremme god pengeadfærd og forebygge økonomisk stress. Dette gør hun blandt andet gennem personlig coaching på *freemoney.dk*.

Ansvarsfraskrivelse

Informationen i denne bog skal <u>ikke</u> ses som konkret finansiel rådgivning eller anbefalinger. Det skal kun opfattes at være af oplysende karakter og har et uddannelsesmæssigt sigte.

Læseren er ansvarlig for sin egen økonomi. Alle mennesker har forskellige økonomiske forhold og risici i deres liv, derfor bør man altid konsultere professionelle rådgivere om sine økonomiske udfordringer.

Kilder og henvisninger

Bøger:

Perkins, Bill – *Died With Zero*. HarperCollins Publishers Inc, 2021

Kiyosakis, Robert og Lechters, Sharon - *Rich Dad Poor Dad*. Plata Publishing, 2022

Robin, Vicki og Dominguez, Joe - *Your Money or Your Life*. Penguin LCC US, 2008

Websider:

Boligside: *Boliga* - boliga.dk

Finansiel læring: *Female Invest* - femaleinvest.com

Interesseorganisation: *Finans Danmark* - finansdanmark.dk

Nyhedsmagasin: *The Economist* - economist.com

Nyhedsmedie: *Finans* - finans.dk

Prisportal: *Mybanker* - mybanker.dk

Statslig myndighed: *Finanstilsynet* - raadtilpenge.dk

Ordliste

Begreb	Betydning
Aktiesparekonto	En aktiesparekonto giver dig mulighed for at investere i aktier til en lavere beskatning, end ved normal investering i aktier.
Aktiver	Aktiver er en betegnelse for alt det du ejer og som kan blive opgjort til en pengemæssig værdi.
Budget	Et budget er en oversigt over dine forventede indtægter og udgifter for en bestemt periode. Ved at lave en opgørelse over de to forhold kan du planlægge fremtiden for din økonomi.
Downsizing	Downsizing handler om at reducere overflødige ting, aktiviteter eller vaner for at skabe en enklere, mere bæredygtig og mindre stressende livsstil. Det kan indebære at skille sig af med ejendele, skære ned på forbrug, forenkle rutiner eller prioritere det, der virkelig er vigtigt for at opnå mere balance og ro i hverdagen.
ETF	ETF står for Exchange Traded Fund og er et investeringsprodukt, der handles på børsen ligesom aktier. En ETF er en passiv investeringsfond, der ofte er billig at investere i.
F... U konto	En nødopsparing med penge, der er klar til at blive brugt, når livet giver økonomiske udfordringer.
Friværdikonto	En friværdikonto giver økonomisk adgang til en del af friværdien i ejerboligen.

Geografisk arbitrage	Geografisk arbitrage refererer til praksissen med at udnytte forskelle i leveomkostninger mellem forskellige geografiske områder.
Gearing	En gearet investering betyder, at man låner penge for at kunne investere et større beløb.
Gældslavine	Betyder at man starter med at betale lånet af med den største rente (ÅOP).
Gældssnebolden	Betyder at man starter med at betale den mindste gæld af først.
Indkomst	Indkomst kan enten være aktiv eller passiv. Aktiv betyder, at indtægten er direkte forbundet med arbejdstimer. Mens passiv indkomst ikke kræver en (løbende) arbejdsindsats.
Livsstilsinflation	Livsstilsinflation handler om, at jo flere penge du har til rådighed, jo flere penge bruger du.
Maslows behovspyramide	Teorien er baseret på en hierarkisk struktur af behov, som mennesker stræber efter at få dækket.
Minimalisme	Minimalisme handler om at fokusere på det vigtige og fjerne det overflødige i livet.
Pareto-princippet	Pareto Princippet (også kendt som 80/20 reglen) er et fænomen, som beskriver at ca. 80% af resultaterne kommer fra ca. 20% af arbejdet.
Passiver	Passiver er de økonomiske forpligtelser, man skylder til andre, og som på et tidspunkt skal betales tilbage.

Pengeangst	Pengeangst er en følelse af frygt, bekymring eller stress i forbindelse med penge og økonomi. Det kan manifestere sig som en vedvarende angst for ikke at have nok penge.
Pengetype	Pengetype refererer til forskellige adfærdsmønstre, som mennesker har i forhold til penge. Typerne beskriver, hvordan folk forbruger og relaterer sig til penge.
Rådighedsbeløb	Et rådighedsbeløb er det beløb, du har tilbage, når alle dine faste udgifter er betalt. Rådighedsbeløbet skal f.eks. kunne dække mad, tøj/sko, fornøjelser, rejser og gaver.
SMART mål	SMART er en forkortelse for: Specifikt, Målbart, Attraktivt, Realistisk, Tidsbestemt. SMART-modellen er et udbredt og simpelt redskab, der bruges til f.eks. personlig udvikling.
Vision board	Et vision board handler om at visualisere, hvordan du gerne vil føle og have det i dit fremtidige liv.
Økonomisk terapi	Formålet med økonomisk terapi betyder at hjælpe personer til at udvikle en sundere tilgang omkring penge. Dette sker ved at ændre deres pengeadfærd og give dem værktøjer til at de kan få et liv i balance.
Økonomiske traume	Økonomisk traume refererer til den dybtgående psykologiske og følelsesmæssige påvirkning, som alvorlige økonomiske kriser kan have for en person.
ÅOP	ÅOP står for Årlig Omkostning i Procent, og er summen af alle renter, gebyrer og øvrige omkostninger for lånet.